Rotwein
Qualitäts-wein b.A.
Dornfelder
0,75l
Dunkelfelder
trocken
Rotwein
Dämmer-Schobbe
WeinGut
Prädikatswein
Riesling
Kabinett
Halbtrocken
Weingut Sonne
2021er
Silvaner
trocken
Auslese
Kerner
Hauswein
2019
Gewürz-Traminer
Trockenbeeren Auslese
1l /11%vol.
Müller-Thurgau
Rivaner
Halbtrocken
Landwein
RHEINHESSEN WEIN

Impressum
© 1. Auflage 2022, pmv Peter Meyer Verlag,
Annette Sievers, Am Weidenberg 18, 55291 Saulheim in Rheinhessen, Fon 06732/6000491,
www.PeterMeyerVerlag.de, info@PeterMeyerVerlag.de.

Rezepte & Text: Aron Kersting, Nicole Schmuck-Kersting, Annette Sievers
Illustration, Gestaltung & Umschlag: Nicole Schmuck-Kersting (inkl. gemalte Kuchenrezepte und Reben-Saison-Kalender); gesetzt aus der Meta Pro, Handlettering: eigene Handschrift.
Druck & Bindung: Umweltdruckerei oeding print GmbH, Braunschweig, www.oeding-print.de.
Bezug: ISBN 978-3-89859-921-4

pmv ist zweifacher Träger des Gütesiegels Deutscher Verlagspreis des Bundesministeriums für Kultur und Medien für herausragende Leistungen in der verlegerischen Tätigkeit.

Preisträger Deutscher Verlagspreis 22

Seit seiner Gründung 1976 setzt sich der Verlag für eine umweltfreundliche Herstellung seiner Bücher ein. Durch achtsamen Umgang mit Rohstoffen und Vermeidung von Plastik sowie mit Nutzung umweltfreundlicher Papiere und grünem Strom helfen wir, die Natur zu bewahren. Mit unserer konsequenten Haltung setzen wir im Buchbereich Maßstäbe.

Die Illustratorin und der umweltfreundliche Druck wurden gefördert durch Neustart Kultur. Ein Programm des Bundesministeriums für Kultur und Medien.

Umschlag und Inhalt dieses Buches wurden auf zertifiziertem Recyclingpapier gedruckt, die veganen Druckfarben sind frei von Mineralölen und tierischen Bestandteilen. Deswegen ist das Buch mit dem Blauen Engel ausgezeichnet. Unsere Klimaspende für dennoch entstandene Emissionen fließt einem regionalen Waldprojekt zu: Für mehr Bäume und weniger CO_2.

Blauer Engel – Das Umweltzeichen – XQ4
www.blauer-engel.de/uz195
- ressourcenschonend und umweltfreundlich hergestellt
- emissionsarm gedruckt
- überwiegend aus Altpapier

Alle Umwelturkunden und unsere Nachhaltigkeitserklärung finden Sie auf unserer Webseite www.PeterMeyerVerlag.de.

Klimaneutral
Druckprodukt
ClimatePartner.com/11339-2201-1019

Wein im Topf

Nicole Schmuck-Kersting
Aron Kersting

Lieblingsgerichte aus Garten und Weinberg

pmv PETER MEYER VERLAG

1. Auflage 2022, Saulheim in Rheinhessen

Inhaltsverzeichnis

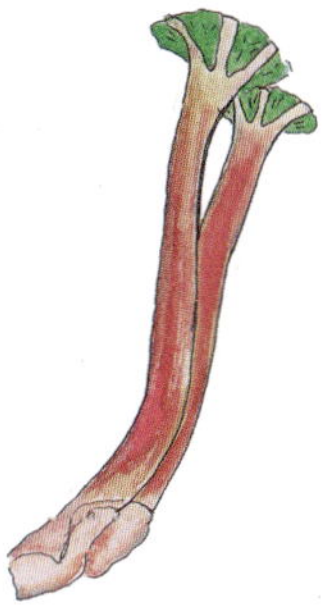

Die Köche

Nicole Schmuck-Kersting
Grafikerin, Illustratorin und handwerkliche Buchbinderin, leidenschaftliche Köchin und Gärtnerin.

Geboren und aufgewachsen bin ich als rheinhessisches Dorfkind, umgeben von Landwirtschaft. Mein Opa bestellte ein Pflanzfeld am Ortsrand und den Hausgarten. Mit meiner Oma, die bis vor meiner Geburt ein Dorfgasthaus betrieb, arbeitete ich in der Küche, wo auch alles für den Wintervorrat verarbeitet wurde. Meine Oma kochte rheinhessisch, deftig und opulent. Alte Rezepte, die typische regionale Küche und frische Zutaten je nach Saison zeichneten ihren Kochstil aus. Ein fester Bestandteil in Omas Küche war die Vorratshaltung. Aus eigener Ernte und der Nachbarschaft gab es da allerhand zu verarbeiten. Im Vorratskeller fand sich so eine große Auswahl an Leckereien in Gläsern, Dosen und Flaschen, in einem Extrakeller die Kartoffeln für den ganzen Winter, in Mieten mit Sand das Wurzelgemüse, in der Gefriertruhe das Fleisch vom Schlachten der eigenen Wutzen sowie Obst und Gemüse.
Die modernere Küche erlernte ich bei den Eltern und von Gästen, für die immer ein Platz am Familientisch war. Diese Gastfreundschaft brachte allerhand Erkenntnisse von Küchen aus anderen Ländern und deren Spezialitäten.

Meine Liebe zum Papier und den Farben entwickelte sich auch schon sehr früh. Vor dem Studium machte ich eine Ausbildung zur handwerklichen Buchbinderin. Eine Leidenschaft, die bleibt, zu sehen in meinem Sortiment der Papeterie-Manufaktur.

Während meines Studiums in Kommunikations-Design befasste ich mich intensiv mit Schrift, Kalligrafie und Buchgestaltung.
Denn im Computerzeitalter macht es besondere Freude, einen kreativen Kontrapunkt zu Satzschriften und Instant-Designs zu finden. Mit Hand und Feder geschriebene Überschriften und die Illustrationen wie in diesem Buch entstehen in meinem Atelier in Selzen, die Models von Obst und Gemüse finden sich in meiner direkten Umgebung in meinem naturnahen Nutzgarten. Sehen und mit allen Sinnen etwas in sich aufzunehmen – das verbindet Kunst und Küche.
Zeichnen und kochen haben noch eine weitere erstaunliche Gemeinsamkeit, denn wie im Farbkasten verhält es sich im Kochtopf: Mit ein paar Grundfarben lassen sich alle Farben mischen, genau wie man aus ein paar saisonalen Zutaten vielseitige Gerichte zaubern und diese auch immer neu variieren kann.

Mit meinem Sohn Aron habe ich einen Verbündeten in der Küche (und im Garten) gefunden:

Aron Kersting
Ich bin Koch aus Leidenschaft mit solider Ausbildung in namhaften Küchen.
Von Kindesbeinen an habe ich gelernt, gute und regionale Zutaten wertzuschätzen und zu verarbeiten. Dabei kam bei mir eine immer größer werdende Begeisterung für gutes Essen und wie man es zubereitet auf.

Ein prägendes Ereignis war eine Hausschlachtung der Nachbarn, bei der ich als 10-Jähriger mithelfen durfte. Das mag zwar brutal klingen, als Kind bei einer Schlachtung dabei zu sein und zu sehen, wie ein noch kurz zuvor lebendes Tier zu Wurst und Schinken verarbeitet wird. Mir aber hat es den Wert von Lebensmitteln vermittelt – was es bedeutet, in ein Stück Fleisch zu beißen und sich bewusst zu werden, dass man jeden Bissen davon genießen sollte, weil dafür ein Tier gestorben ist. So achte ich sehr darauf, woher die Fleischprodukte stammen, die ich essen bzw. zubereiten möchte; im Zweifel verzichte ich lieber darauf. Deswegen ist es für mich sehr verständlich, wenn du genau das nicht mit deinem Gewissen vereinbaren kannst und lieber vegetarisch oder gar vegan lebst.

Dieser Respekt beschränkt sich für mich nicht auf Fleisch, sondern gilt auch allen anderen Lebensmitteln. Denn wer sich schon einmal selbst als Gärtnerin oder Gärtner versucht hat – mich eingeschlossen –, bemerkt recht schnell, dass es gar nicht so einfach ist, dem Boden ein schmackhaftes Gemüse zu entlocken. So gilt für mich jedes natürliche Lebensmittel grundsätzlich als wertvoll und verdient es, entsprechend respektvoll zubereitet zu werden, damit es sein ganzes Potential entfalten kann.

Neben der Wertschätzung für das, was wir tagtäglich zu uns nehmen, ist es für mich ungeheuer wichtig, zu wissen, wo mein Essen herkommt, wie es produziert wurde und vor allem welchen Weg es zu mir zurückgelegt hat. Regionalität bzw. dadurch auch unmittelbar Saisonalität beschränkt natürlich zuerst einmal, bietet aber auch viele Chancen, neue und bisher unterschätzte Zutaten zu entdecken.

Wo in Rheinhessen die gute Küche gepflegt wird, da ist der Wein nicht weit. Er hat seinen Auftritt nicht nur zum Essen, sondern findet sich in vielen Gerichten als geschmacksgebende Komponente wieder.

Die Selztalerin
Wir, Mutter und Sohn, teilen unser Wissen nicht nur untereinander, sondern pflegen die Tradition des gemeinsamen Zubereitens. Dies auch gern mit euch in unserem Blog: **www.dieselztalerin.de**

Die Selztalerin steht für Regionalität, für Land und Leute, Geschichte und Geschichten, Themen wie Kochen und Backen, Garten und Weinberg, Tradition und Genuss. In welcher Region also, wenn nicht Rheinhessen, bietet es sich an, das Thema regionale Küche mit Wein zu verbinden? Bei vielen regionalen Rezepten stoßt ihr meist von selbst auf den Wein, sei es als Zutat oder als bestes Begleitgetränk.

Wir haben für euch unsere Lieblingsrezepte aus Garten und Weinberg zusammengestellt, die wir euch als »Die Selztalerin« in Kombination mit unserem Blog nahebringen möchten.
Lasst euch inspirieren, seid mutig, virtuos und genießt mit allen Sinnen!

Die Selztalerin

Wir kochen uns durchs Jahr

Kochen von Monat zu Monat

Das Buch »Wein im Topf« führt uns gemeinsam durch ein ganzes Wein- und Gartenjahr mit saisonalen Gerichten und Genüssen, wie sie unsere rheinhessische, aber auch jede andere Weinbauregion zu bieten hat. Monat für Monat erhaltet ihr von uns passende Rezepte für jede Gelegenheit.

Jeder Monat startet mit einem Kalenderblatt. Es bietet eine Liste von Gemüse, Obst, Kräutern und Wildkräutern der Saison. So findet ihr für euren Speiseplan schnell die verfügbaren Produkte, die der regionale Markt, der Garten und die Natur zu bieten haben.

Die Rebe, die das jeweilige Monatsblatt umrahmt, durchlebt mit uns das ganze Jahr mit allen Phasen der Entwicklung, vom Rebschnitt, Austrieb, Blüte, Traubenentwicklung, Ernte, bis zur nächsten Winterruhe.

Auf jedem Monatsblatt findet ihr zwei **Weinsteckbriefe**. Die Rebsorten sind bewusst in die Monate gelegt, in denen sie besonders zur Jahreszeit passen. Wir stellen euch immer einen weißen und einen roten Wein vor.

Die Rezepte des Monats

Die Rezepte sind für den jeweiligen Monat mit den zur Verfügung stehenden Zutaten zusammengestellt. Es gibt vegetarische Gerichte, Fleisch- und Fischrezepte, bei denen wir auf vegetarische Varianten hinweisen.

Vorspeise als Starter für ein Menü, als kleines Hauptgericht für den kleinen Hunger oder als Weinbegleitung.

Suppe als Vorgang zum Hauptgericht oder als Hauptgang vor einem üppigen Dessert.

RatzFatz, für die schnelle Zubereitung für jeden Tag. Sie sind immer mit Nudeln im Rezept angegeben (Nudelsorten nach Gusto), auch zum Reste verwerten oder mit Reis.

Hauptgericht für Gäste und Familie.

Nachtisch für den perfekten Abschluss.

Weinvesper für den Genuss mit Freunden bei einem guten Glas Wein oder zum Picknick.

Weingetränk für saisonale Feste, Gäste und Gemütlichkeit.

Kuchenrezept für den weininspirierten Nachmittags-Snack, illustriert, dekorativ und backbar.

TIPP Zum Kochen am besten immer den Wein nehmen, den ihr zum Essen trinken möchtet.

Piktogramme, Abkürzungen und Anwendung

Die **Flasche im Topf** verweist auf Gerichte, die **mit Wein gekocht** werden. Wir empfehlen, den jeweiligen Wein des Monats zu verwenden.

Die Flasche neben dem Glas steht bei Gerichten, die keinen Wein beinhalten, aber besonders **zum Genuss mit Wein** geeignet sind, z.B. beim Picknick.

Unsere **Weinempfehlung** zum jeweiligen Gericht. Zum Essen eignet sich der Wein des Monats oder die Weinempfehlung unter dem Rezept, neben den Korken.

Im **Tipp-Kasten** findet ihr Informationen zu Gerichten, Zutaten oder Wissenswertes aus der Küchenwelt.

Die empfohlenen Beilagen findet ihr zwischen Gabel und Messer.

Die Rezepte sind für 4 Personen vorgesehen, bei anderen Portionsmengen sind sie mit einem kleinen Schild kenntlich gemacht.

Kochen Schritt für Schritt

Um es euch möglichst einfach zu machen, sind die Rezepte in 3 Spalten angeordnet. So lässt sich die Beschaffung gut planen, das Zubereiten gut vorbereiten und die Herstellung in der Reihenfolge der Zutaten nachvollziehen. Vor allem toll, wenn man mit Freunden kocht!

1. Spalte	2. Spalte	3. Spalte
alle Zutaten für die Ernte oder Einkaufsliste	*Mise en place* (Bereitstellung), hier sind alle Vorbereitungsschritte beschrieben	Hier stehen die Arbeitsanleitungen, Zubereitung, Koch- und Garzeiten. Dass Obst und Gemüse vorher gewaschen und ggf. geschält werden, setzen wir voraus, geben aber Tipps dazu.

Abkürzungen & Mengen:

Pck.	Päckchen	
1 Prise		So viel, wie zwischen zwei Finger passt.
1 Msp.	Messerspitze	Eine kleine Menge, die auf die Spitze eines Messers passt.
1 TL	Teelöffel	
1 EL	Esslöffel	
1 Flasche		In der Regel 0,75 l (Liter).
Pfeffer		Bitte möglichst nur aus der Mühle.
Muskat		Immer frisch von der Nuss reiben.

Januar

Gemüse

Austernpilze · Butterrüben · Champignons
Chicorée · Feldsalat · Grünkohl
Knollensellerie · Lauch · Pastinaken
Petersilienwurzel · Rosenkohl · Rote Bete
Schwarzwurzeln · Topinambur
Weißkohl · Wirsing

Obst

Blutorangen
Hagebutten · Orangen
Zitronen

Kräuter

Gartenkresse · Meerrettich
Rosmarin · Thymian

Wildkräuter

Knoblauchsrauke · Portulak
Spitzwegerich · Vogelmiere

Bacchus

Aroma:
blumiger Muskatton, Nuancen von Kümmel oder Johannisbeeren

Körper/Gehalt:
fruchtig, blumig

Farbe:
helles Grüngelb

Speisen:
zu süßen Speisen,
Mehlspeisen und Desserts,
asiatischen und würzigen Speisen,
Weißwurst mit süßem Senf,
Kalbsleber, Flammkuchen,
Crêpe Suzette, fruchtigen Desserts

Käse:
würziger Schnittkäse wie Tilsiter,
Weinkäse

Trinktemperatur:
7 – 9 °C

Besonderheiten:
Die Trauben eignen sich sehr gut als Tafeltraube. Die Weine sollten jung getrunken werden.
Ein gut verträglicher Trinkwein, besonders zum Essen.

Regent

Aroma:
reife Sauerkirschen, Blaubeere,
Himbeere, Cassis

Körper/Gehalt:
fruchtig-lebendig mit schönen Tanninen

Farbe:
dunkelrot mit violett Anklängen

Speisen:
Pizza Margherita, Roastbeef,
intensiv schmeckende Fleisch- und Wildgerichte, Lamm,
Schmorgerichte

Käse:
würziger Schnittkäse wie Tilsiter,
Weinkäse

Trinktemperatur:
15 – 18 °C

Besonderheiten:
Aus Regenttrauben entstehen samtig-weiche Weine die sehr gehaltvoll sind. Wird gern im Barrique ausgebaut und hat dann Aromen von Leder und Tabak.

Vorspeise

Rote-Bete-Kartoffel-Paste

300 g Rote Bete	fein würfeln	Die Rote Bete und Kartoffeln im Dampfgarer oder einem Dämpfeinsatz (damit die Bete nicht ausblutet) eines Kochtopfes weich garen.
300 g mehligkochende Kartoffeln	grob würfeln	Durch eine Kartoffelpresse drücken und gut ausdämpfen lassen.
3 – 4 EL Olivenöl 1 – 2 EL Zitronensaft 1 Msp. gemahlene Koriandersamen		Die Masse mit Olivenöl und Zitronensaft verrühren und mit dem Koriander würzen.
1 Stangenweißbrot	in Scheiben schneiden	Die Baguettescheiben im Backofen goldbraun rösten und mit der Paste bestreichen.
grobes Meersalz, Pfeffer Dill	aus der Mühle	Meersalz, Pfeffer und ein kleiner Stängel Dill als Topping.

Kräftiger, trockener Rotwein der Rebsorte Regent.

Suppe  Petersilienwurzelsuppe

2 mittelgroße Zwiebeln 50 g Butter oder Pflanzenöl	grob würfeln	In einem Topf die Zwiebeln mit Butter oder Öl bei mittlerer Hitze andünsten, bis sie leicht glasig sind.
1,5 kg Petersilienwurzel 150 ml Weißwein	in 1,5 cm große Stücke schneiden	Die Petersilienwurzel hinzufügen, 2 – 3 Min andünsten und dann mit Weißwein ablöschen. Kurz warten, bis dieser leicht ausgekocht ist und es nicht mehr so alkoholisch riecht.
2 l Gemüsebrühe Salz, Pfeffer 1 Prise Muskat 1 Lorbeerblatt		Nun mit der Gemüsebrühe angießen, schon mal mit ein wenig Salz, Pfeffer und Muskat würzen, das Lorbeerblatt hinzugeben und 15 – 20 Min bei mittlerer Hitze leicht köcheln lassen, bis die Gemüsestücke sehr weich sind.
400 g Sahne (oder Hafersahne)		Jetzt die Sahne hinzugeben, kurz aufkochen lassen, das Lorbeerblatt wieder herausnehmen und die Suppe mit einem Pürierstab bis zur gewünschten Konsistenz mixen. Manche mögen es, wenn die Suppe nicht völlig glatt püriert ist, sondern die Struktur noch zu merken ist.
etwas Zitronensaft Petersilie	 klein hacken	Zum Schluss noch einmal mit Salz, Pfeffer, Muskat und einem Spritzer Zitronensaft abschmecken. Als Garnitur empfiehlt sich natürlich frische grüne Petersilie.

TIP Diese Suppe ist ein Multitalent, ihr könnt sie wunderbar auch mit anderen **Wurzelgemüsen** zubereiten, z.B. mit Karotten, Schwarzwurzeln, Knollensellerie oder Pastinaken.

Ratz Fatz 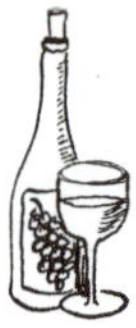

Hörnchennudeln mit Grünkohl

400 g Hörnchennudeln		Nach Packungsanleitung kochen.
Olivenöl (oder das der eingelegten Tomaten)	zum Anbraten	Die Pfanne mit dem Öl erhitzen und die Zwiebelwürfel zusammen mit den Tomaten darin kurz glasig werden lassen.
1 Zwiebel	würfeln	
5 – 6 getrocknete, in Öl eingelegte Tomaten	würfeln	
600 g Grünkohl	hacken	Grünkohl und Knoblauch zugeben und anbraten. Das Tomatenmark kurz mit durch die Pfanne schwenken und alles mit ca. 50 ml Wasser (das Kochwasser der Nudeln verwenden) ablöschen, kurz garen (ca. 5 Min).
2 Knoblauchzehen	klein hacken	
1 EL Tomatenmark		
200 g Schmand		Den Schmand zugeben und mit
Salz, Pfeffer		Salz und Pfeffer abschmecken.

Trockener Bacchus.

Hauptgericht 

Sauerbraten vom Rind

Vorbereitungszeit: *3 Tage für das Marinieren*

1 kg Rindfleisch, Bratenstück		Fleisch kurz kalt abwaschen, mit Küchenpapier trocken tupfen und in einen Steinguttopf oder eine Schüssel (mit Deckel) legen.
1 große Zwiebel	in Ringe schneiden	In einem Topf die Zwiebel und die Gewürze mit dem Wein, Essig und Wasser zusammen einmal kurz aufkochen lassen.
2 Lorbeerblätter, 3 Nelken		
ca. 15 schwarze Pfefferkörner		
250 ml Rotwein (des Monats)		Nach dem Abkühlen über das Fleischstück gießen und das Fleisch bedeckt
125 ml Rotweinessig		3 Tage ruhen lassen, ab und zu wenden.
250 ml Wasser		

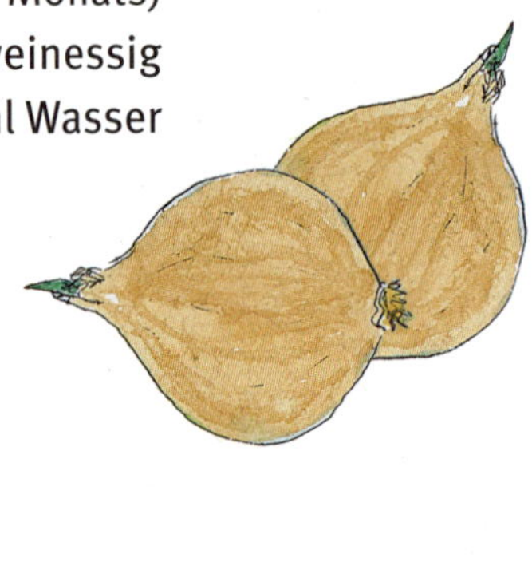

Hauptgericht

		Das Fleisch aus der Marinade nehmen und mit Küchenpapier abtrocknen. Die Marinade abseihen und für später zum Ablöschen aufheben.
Schmoren:		
Bratöl (neutral: Sonnenblumen- oder Färberdistelöl)		Öl im Bräter oder Schmortopf erhitzen und das Fleischstück darin rundum anbraten. Aus dem Topf nehmen. Jetzt die Zwiebeln anbraten, das Gemüse zugeben und kurz darauf mit der Marinade und dem Fleischfond ablöschen. Gewürze zugeben, Deckel drauf und zugedeckt schmoren lassen. Das geht auch gut im Backofen (160° Umluft, mittlere Schiene). Mitgeschmorte Rosinen mildern etwas die Säure von der Marinade.
2 Zwiebeln	vierteln	
1 Karotte	in grobe Stücke schneiden	
¼ Knollensellerie	grob würfeln	
250 ml der Marinade		
250 ml Fleischfond/-brühe		
Salz, Pfeffer		
1 Lorbeerblatt		
Rosinen	nach Belieben	
		Nach 90 Min das Fleisch herausnehmen und warm stellen. Den Schmorfond durch ein feines Sieb streichen, in einem Topf noch mal aufwallen lassen und nach Belieben ein paar Rosinen dazugeben. Abschmecken mit Salz und Pfeffer.
Rotweinsoße:		
50 ml Rotwein	zum Anrühren mit	Die Bindung in die Soße rühren und gut 2 Min kochen lassen.
2 TL Speisestärke		
		Das Fleisch in dünne Scheiben schneiden und die Soße darübergeben.

TIP Das *Schaufelstück* aus der Schulter ist besonders geeignet zum Schmoren.

Beilagen:
Kartoffelklöße,
Apfelrotkohl

Nachtisch 

Süße Weinsuppe mit Haube

Suppe:

375 ml Wasser
50 g Zucker
1 cm Zimtstange
1 Zitrone — 1 Stück Schale dünn abschälen

Wasser mit Zucker, Zimtstange und Zitronenschale in einem Topf zum Kochen bringen.

30 g Speisestärke
175 ml Wasser

500 ml Weißwein
2 Eigelb
125 g Sahne

Die Speisestärke in kaltem Wasser auflösen, in die kochende Flüssigkeit einrühren und unter Rühren kurz aufwallen lassen, den Weißwein zugeben, Herd abschalten. Die beiden Eigelb mit der Sahne und etwas Suppe verquirlen. In die Suppe einrühren und kurz erwärmen (nicht kochen, sonst stockt das Eigelb).

Eischnee-Haube:

2 Eiweiß
1 Päckchen Vanillezucker
20 g Puderzucker
1 Prise Salz

Eiweiß zu Schnee schlagen, dabei Vanille- und Puderzucker und Salz einrieseln lassen.
Die Zitronenschale und die Zimtstange aus der Suppe nehmen, die Suppe in Teller oder Schüsselchen füllen und den Eischnee als Haube obenauf setzen.

Variante:
Die süße Suppe könnt ihr auch mit Rotwein kochen, dem ihr, je nach Geschmack, Nelken zugebt.

TIP Die Suppe schmeckt sehr gut als **Kaltschale** – in kleine Gläser mit Deckel gefüllt, ist sie dann auch für Picknick oder Buffet geeignet.

Fruchtig-aromatische Weißweine wie Traminer, Bacchus oder Muskat.

Spundekäs' klassisch

Vorbereitungszeit: *am Vortag zubereiten*

200 g Frischkäse 250 g Quark 100 g Butter 1 Knoblauchzehe 2 TL Paprikapulver Salz, Pfeffer	 zimmerwarm sehr klein hacken	Mithilfe eines Schneebesens den Frischkäse und Quark mischen, die Butter unterrühren. Den Knoblauch unterheben, das Paprikapulver zugeben und alles gut verrühren, mit Salz und Pfeffer abschmecken. Wer es scharf mag, kann Rosenpaprika verwenden, ansonsten Paprika edelsüß. Am leckersten schmeckt der Spundekäs', wenn er 1 Nacht im Kühlschrank geruht hat.
½ Zwiebel	fein würfeln zum Garnieren	Vor dem Servieren die frischen Zwiebelwürfelchen darüberstreuen, alternativ können gern auch in feine Ringe geschnittene Frühlingszwiebeln genommen werden.

Zu Weiß- und Rotweinen,
ein idealer Begleiter zur Weinprobe.

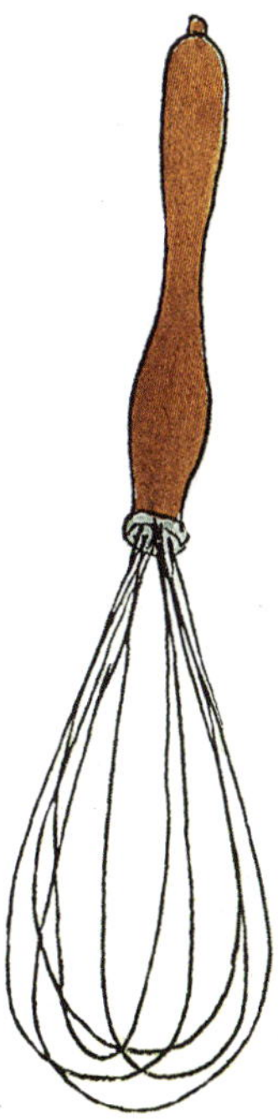

TIP Zum Wein schmeckt der Spundekäs' mit frischen Laugenbrezeln oder Knabberware. Auch als Brotaufstrich sehr beliebt.

Weingetränk

Heißer Eierwein

750 ml halbtrockener Weißwein	
500 ml Wasser	
100 g Zucker	
2 – 3 Zimtstangen	
4 – 6 Eier	schaumig schlagen

Wein, Wasser, Zucker und Zimt sanft erhitzen (nicht kochen!).

Den Wein vom Herd nehmen und ihn löffelweise unter die mit dem Rührgerät (unterste Stufe) aufgeschlagenen Eier geben.
Den Eierwein warm servieren.

TIP Das Getränk kann auch eiskalt serviert werden: im Sommer ein gehaltvoller Energiespender.

Eierwoi-Torte

Backofen auf 200°C (Umluft 180°C) vorheizen. Springform (26 cm Ø) einfetten und mit Semmelbrösel ausstreuen.

Der Teig:
2 Eier • 125 g Zucker • 100 ml Öl • 100 ml Orangensaft • 300 g Mehl • 1 TL Zimt • 1/2 P. Weinsteinbackpulver

Die Eier mit dem Zucker cremig aufschlagen, Öl u. Orangensaft dazu. Mehl, Backpulver und Zimt darübersieben und zügig unterrühren. In der Springform ca. 25 min backen.

Der Belag:
12 Blatt weiße Gelatine (eingeweicht) • 40 g Speisestärke • 1/2 TL gemahlene Vanille • 1 l Weißwein • 150 g brauner Zucker • Abrieb einer 1/2 Zitrone • 1 TL Zimt • 2 Eier • 1 P Vanillezucker + 200 ml Sahne

Für den Belag: Speisestärke mit etwas Wein anrühren. 100 g Zucker, Zitronenabrieb u. Zimt mit dem restlichen Wein aufkochen und die Speisestärke einrühren. Aufkochen u. vom Herd nehmen. Noch warm die Gelatine sorgfältig in der Creme auflösen. Die Eier mit 50 g Zucker cremig schlagen, die Weinmasse unterrühren, dazugeben. Wenn die Creme stockt, um den Teigboden einen Tortenring legen, die Creme einfüllen. Mind. 3 Stunden kühlen. Die Sahne mit Vanillezucker steif schlagen und auf die Torte verteilen, mit Zimt pudern, Ring abnehmen u. anrichten.

NSR.

Februar

Gemüse

Austernpilze · Butterrüben · Champignons · Chicorée · Endiviensalat · Feldsalat · Grünkohl · Knollensellerie · Lauch · Pak Choi · Pastinaken · Petersilienwurzel · Radicchio · Rosenkohl · Schalotten · Schwarzwurzeln · Topinambur · Weißer Rettich · Weißkohl · Wirsing

Obst

Blutorangen · Hagebutten · Orangen · Zitronen

Kräuter

Gartenkresse · Meerrettich · Rosmarin · Thymian

Wildkräuter

Brennnessel · Gänseblümchen · Gundermann · Portulak · Sauerampfer · Scharbockskraut

Weißburgunder

Aroma:
frische Ananas, Apfel, Birne, Quitte, Aprikose, Zitrusfrüchte, grüne Nüsse

Körper/Gehalt:
trocken ausgebaut mittel bis kräftig, mit angenehm erfrischender Säure

Farbe:
blass über hellgelb bis dunkelgold

Speisen:
Pastagerichte mit sahnigen Soßen, Geflügel und Fisch (gebraten oder gedünstet), Salate aller Art, perfekt zu Spargel und Gemüsegerichten

Käse:
milder Weichkäse mit Rotflora, Gouda, Butterkäse

Trinktemperatur:
7 – 9 °C

Besonderheiten:
Französisch: *Pinot blanc.* Edelsüß ausgebaut ist er als Aperitif oder Digestif geeignet, wird auch oft zu Winzersekt in klassischer Flaschengärung verarbeitet.

Frühburgunder

Aroma:
Kirsche, Brombeere, Himbeere, Schwarze Johannisbeere, Mocca, rauchige Noten

Körper/Gehalt:
fruchtig, körperreich und wenig gerbstoffbetont, samtig, gehaltvoll, angenehme Säure, wird gern im Barrique ausgebaut

Farbe:
dunkel- bis rubinrot

Speisen:
Fleisch, Wild, Lamm, Kurzgebratenes, Rind und Ente, zu gegrilltem Fisch, Gemüse, würzig-pikanten Gerichten und dunkler Schokolade

Käse:
scharf und würzig, z.B. Munster

Trinktemperatur:
15 – 18 °C

Besonderheiten:
Eine der ältesten Kulturreben. Frühburgunder hat seine Geschmacksstoffe in der Schale, häufig angeboten als Barrique.

Vorspeise – Gefüllte Champignons

Pilze:		
12 große Champignons (à ca. 80 g)	mit der Pilzbürste säubern, die Stiele vorsichtig herausbrechen und fein hacken	
6 EL Olivenöl 2 Zwiebeln 2 Knoblauchzehen 60 g getrocknete Tomaten in Öl Salz, Pfeffer 2 TL Oregano	 fein hacken fein hacken klein würfeln	In einer Pfanne das Olivenöl erhitzen und die Champignonstiele darin hell anbraten, dann Zwiebeln und Knoblauch zugeben und 2 Min bei mittlerer Hitze braten. Jetzt die Tomaten mit ihrem Öl zugeben. Mit Salz, Pfeffer und Oregano abschmecken und abkühlen lassen.
1 frisches Brötchen (ca. 30 g) (oder Baguette)	in dünne Scheiben schneiden	Die Brötchenscheiben auf dem Rost im Ofen bei 180° (Umluft 160°) 5 Min auf mittlerer Schiene rösten, abkühlen lassen und klein hacken.
4 EL Petersilie 200 g mittelalter Gouda 200 ml Weißwein (des Monats)	hacken reiben	Die abgekühlte Pilz-Tomaten-Mischung und das Röstbrot in einer Schüssel mit der Petersilie und dem Gouda mischen. Die Champignonköpfe gleichmäßig damit füllen und in eine Auflaufform setzen, mit dem Weißwein angießen und im heißen Ofen bei 180° etwa 30 Min backen.
Salat:		
1 Kopf Endiviensalat ½ Zitrone 6 EL Traubenkernöl 1 TL milder Senf 1 TL Quitten- oder Apfelgelee Salz, Pfeffer	fein schneiden Saft auspressen	Aus allen Zutaten eine Vinaigrette rühren und den Endiviensalat damit anrichten.

TIPP Beim Kauf der **Champignons** darauf achten, dass die Köpfe am Stiel geschlossen sind.

Suppe

Knollesupp aus Topinambur

½ Zitrone	1 EL Saft auspressen	Den Zitronensaft in eine Schüssel Wasser geben und die Topinamburscheiben darin zwischenlagern.
6 Topinamburen	in Scheiben schneiden	
60 g Butter 1 mittelgroße Zwiebel	 fein hacken	Butter in einem Topf schmelzen, die abgetropften Topinamburscheiben und die Zwiebel darin etwa 10 Min bei aufgelegtem Deckel dünsten.
400 ml Milch (auch Hafer- oder Mandelmilch) 200 ml Gemüsefond 1 Prise Muskat Salz		Milch, Gemüsefond und Gewürze zufügen und bei niedriger Temperatur köcheln lassen.
		Wenn die Topinamburen gar sind, alles mit dem Pürierstab mixen und dann durch ein feines Sieb in einen Topf streichen.
100 ml Weißburgunder 100 g Sahne (oder vegane Alternative) Majoran, getrocknet		Den Wein zugeben und nochmals aufkochen, schließlich mit Sahne und Majoran abschmecken.
ein paar Haselnüsse 3 Scheiben Weißbrot etwas Butter	hobeln würfeln	Die Haselnüsse in trockener Pfanne vorsichtig anrösten, die Weißbrotwürfel in etwas Butter, um Croûtons zu erhalten. Die Suppe in Teller füllen, Nüsse und Croûtons als Topping darübergeben und heiß servieren.

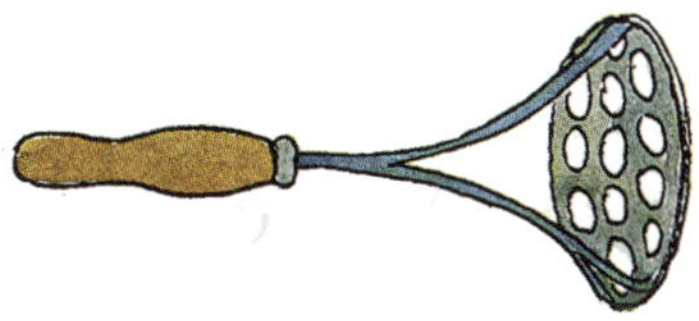

TIPP

Topinambur (die Betonung liegt auf dem u) ist die Wurzelknolle einer sonnenblumenartigen Pflanze aus Südamerika. Sie kann roh, gekocht oder frittiert gegessen werden.
Nach dem Schälen und Schneiden solltet ihr sie sofort in Zitronenwasser legen oder mit Salatsoße anmachen, damit sie nicht braun wird.

RatzFatz Lauchnudeln mit Käsesoße

400 g Nudelnester		Nach nach Packungsanleitung kochen.
5 EL Bratöl 2 mittelgroße Zwiebeln 2 Knoblauchzehen 500 g Lauch	 klein würfeln fein würfeln in feine Ringe schneiden	In einer Pfanne das Öl erhitzen und darin die Zwiebeln und den Knoblauch kurz anbraten, die Lauchringe zugeben und alles zusammen ca. 5 Min dünsten.
Salz, Pfeffer		Mit Salz und Pfeffer würzen.
250 g Blauschimmelkäse 120 g Sahne		Im Pürierbecher den Käse mit der Sahne mixen.
1 Bund Schnittlauch	in Röllchen schneiden	Die Nudeln, das Pfannengemüse und die Käse-Sahne-Mischung in einer Schüssel vermischen und nach Geschmack nachsalzen (je nach Salzgehalt des verwendeten Käses), mit dem Schnittlauch bestreuen und servieren.

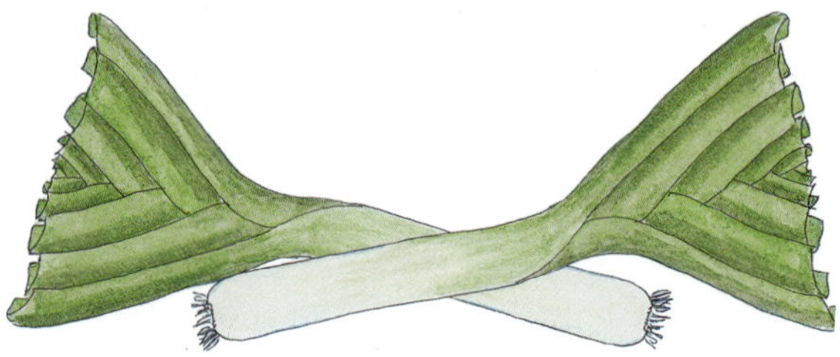

TIPP

Grumbeeren sind im Pfälzischen und Rheinhessischen **Kartoffeln** bzw. »Grundbirnen«. Die *Backesgrumbeern* sind ein typisches Gericht meiner Heimat. Der *Backes* fand sich in fast jedem Dorf und war der zentrale Brotbackofen in Form eines Backhauses. Wenn Brotbacktag war und der Ofen vom Brotbacken gut heiß, dann brachte die Hausfrau ihren Bräter zum Backes und ließ in der Nachhitze dieses köstliche Gericht garen. Backeskartoffeln sind außerdem ein typisches Gericht, dass im Ofen garte, während die Feldarbeit verrichtet wurde, bei der die ganze Familie mithalf, gerade im Herbst zur Weinlese.
Nach getaner Arbeit stand so ein stärkendes Gericht zur Verfügung.
Heute sind Backeskartoffeln ein Geheimtipp, wenn Gäste kommen, mit denen ihr gern Zeit verbringen möchtet, statt in der Küche zu stehen.

Hauptgericht 

Backesgrumbeern

Für 6 Personen

Vorbereitungszeit: 3 Stunden

Bräter	
2 EL Schweineschmalz	
2 große Zwiebeln	in Ringe schneiden
1,5 kg leicht gepökeltes Schweinekamm (oder Bauchfleisch)	
500 g Rauchfleisch (oder geräucherte Bratwürste)	
6 Lorbeerblätter	
5 Nelken	
1 Knoblauchzehe	in feine Scheiben schneiden
Pfeffer	
2 kg festkochende Kartoffeln	roh in Scheiben schneiden
750 ml trockener Weißwein	
500 g Sahne	
1 TL Zimt	

Den Bräter, am besten aus Gusseisen, mit dem Schweineschmalz ausreiben. Den Boden mit Zwiebelringen belegen, darauf das Fleisch (und die Würste) legen und darauf sowie drum herum die restlichen Zwiebeln in halben Ringen, die Lorbeerblätter, die Nelken und Knoblauch gleichmäßig verteilen, mit Pfeffer würzen.

Da ihr es mit Pökelfleisch zu tun habt, kein weiteres Salz verwenden!

Darauf die Kartoffelscheiben verteilen. Das Ganze zu 3/4 mit Weißwein auffüllen, auch die Sahne zugeben. Alles mit Zimt überpudern – das macht eine schöne Kruste.

Den Bräter bei 230° auf der untersten Schiene in den Backofen stellen und die Backeskartoffeln mit Deckel ca. 1,5 Std garen, dann noch 1 Std ohne Deckel, damit sich eine Kruste bildet. Während der Garzeit nachsehen, ob noch genügend Flüssigkeit im Bräter ist; ansonsten Weißwein nachgießen.

Die Backesgrumbeern werden im Bräter serviert und die Kartoffeln mit der Garflüssigkeit im Teller zerdrückt!

Vegetarische Variante:
Das Fleisch ersetzen durch leicht gesalzene Kürbisspalten, das Schmalz durch Bratöl.

Beilage:
Rote-Bete-Salat

Weißburgunder, trocken oder feinherb.

Nachtisch

Bratäpfel in Wein gedünstet

4 große Boskop-Äpfel	Kernhaus ausstechen	
4 EL Johannisbeergelee 20 Rosinen 10 Mandeln	 hacken oder stifteln	Das Johannisbeergelee mit den Rosinen und Mandeln vermischen und gleichmäßig in die ungeschälten Äpfel füllen.
etwas Butter 250 ml Weißwein		Eine passende Auflaufform mit Butter ausfetten und den Wein hineingießen. Die Äpfel in die Form stellen und bei 180° ca. 20 Min backen.
4 TL Butter 4 TL brauner Zucker 1 TL Zimt	 vermischen mit	Auf die heißen Bratäpfel je 1 Stück Butter geben und mit Zucker und Zimt bestreuen.

TIP **Boskop** eignen sich besonders gut zum Backen und Braten, da sie mit ihrer leichten Säure mit Süßem harmonieren und im gegarten Zustand sehr cremig werden.

Weinvesper – Winzerkekse süß & salzig

Vorbereitungszeit: *2 Stunden Kühlzeit*

Süße Winzerkekse:

150 g weiche Butter
50 g Puderzucker
1 Pck. Vanillezucker
1 Ei
1 Prise gemahlener Kardamom
1 Prise gemahlene Nelken
1 Prise Zimt
1 TL Rotwein
150 gemahlene Mandeln
150 g Mehl

ergibt 40 Kekse

Butter, Puderzucker und Vanillezucker mit dem Handrührgerät schaumig schlagen. Dann das Ei, die Gewürze und den Wein unterrühren.

In die Masse zügig Mandeln und Mehl einkneten. Den Teig 2 Std im Kühlschrank ruhen lassen.

Den Teig auf bemehlter Arbeitsfläche 3 – 4 mm dick ausrollen und große runde Plätzchen ausstechen (oder je nach Anlass passende Ausstechform nehmen). In jedes zweite Plätzchen ein Loch ausstechen (mit kleinem Schnapsglas oder einem Fingerhut). Später sollen immer zwei aufeinandergelegt einen Keks bilden.

Den Ofen auf 130° vorheizen.
Die Plätzchen auf einem mit Backpapier belegten Backblech verteilen und in 8 – 10 Min goldbraun backen. Anschließend auf einem Kuchengitter auskühlen lassen.

Füllung:

150 g Johannisbeergelee
1 TL Rotwein

etwas Puderzucker

Das Johannisbeergelee mit dem Rotwein verrührt erhitzen und auf die Kekse ohne Loch streichen. Den zweiten Keksring aufsetzen, mit Puderzucker bestäuben.

Roter Frühburgunder, halbtrocken oder lieblich.

Weinvesper

Herzhafte Winzerkekse:

- 1 Msp. Cayennepfeffer
- 1 Msp. Kurkuma
- ½ TL Salz
- 150 g Mehl
- 100 g kalte Butter – in Stücke schneiden
- 150 g Käse (z.B. Bergkäse) – reiben
- 1 Ei
- etwas Mehl

Dekor:

- 1 Ei
- Mandelhälften
- Kümmelsaat

Alle Gewürze mit dem Mehl vermischen, mit den Butterstücken, dem Käse und Ei rasch zu einem glatten Teig verkneten. Falls der Teig zu trocken ist, kann mit etwas kaltem Wasser vorsichtig nachgeholfen werden. Den Teig zu einer Kugel formen und 30 Min kühl ruhen lassen.
Den Ofen auf 180° vorheizen.
Den Teig auf einer bemehlten Arbeitsfläche 3 – 4 mm dick ausrollen, Rauten und Kreise ausstechen.
Das Ei verquirlen und damit die Kekse bestreichen, mit Mandeln oder Kümmel dekorieren.

Weißburgunder, fruchtig mit feinen Zitrusaromen, trocken oder feinherb.

Weingetränk

Heiße Schokolade mit Rotwein

- 750 ml Milch (oder Mandelmilch)
- 200 g dunkle Schokolade – hacken, davon 40 g für die Deko aufheben
- 400 ml Rotwein (kein Barrique!)
- Rohrzucker nach Geschmack

Die Milch in einem Topf langsam erhitzen. Wenn sie heiß ist, 160 g Schokolade mit einem Schneebesen zügig einrühren, bis sie sich aufgelöst hat.
Bei geringer Hitze (nicht kochen!) weiterrühren, bis die Milch leicht dickflüssig wird. Jetzt den Rotwein einrühren. Weiter erhitzen, bis leicht Dampf aufsteigt, dann sofort servieren, mit restlicher Schokolade bestreuen.

TIPP: Den Rohrzucker extra reichen, dann können alle nach Geschmack süßen.

Apfel-Wein-Torte

Mürbeteig
250 g Mehl ∘ 1 Tl Backpulver
100 g Zucker ∘ 1 El Vanillezucker
1 Pr. Salz ∘ 125 g kalte Butter
1 Ei ∘ 1 El Eiswasser

Belag
1 El Semmelbrösel
750 g Äpfel in Spalten
1 Tl Zimt

Weincreme
2 P. Vanille-Puddingpulver
200 g Zucker
750 ml Weißwein

Obendrauf
400 ml Süße Sahne
40 g Mandelplättchen

Mürbeteig

Mehl und Backpulver vermischen und auf der Arbeitsfläche mit Zucker, Vanillezucker, Salz, Ei, Butter und Eiswasser zu einem glatten Teig verkneten. Den Teig zu einer Kugel formen und in Papier gewickelt für 30 Min. kalt stellen.

Den Ofen auf 180°C vorheizen.

Teigkugel ausrollen und eine Springform Ø 28 cm mit Rand auslegen.

Belag

Äpfel schälen, vierteln, Kerngehäuse entfernen und in schmale Spalten schneiden.
Den Teigboden mit den Semmelbröseln bestreuen und die Apfelspalten auf dem Teigboden verteilen. Mit Zimt bestäuben.

Weincreme

Aus dem Puddingpulver mit Zucker und Wein (geht auch mit Apfelwein!) einen Pudding kochen und heiß über die Apfelspalten gießen.

Die Torte ca. 1 Stunde bei 180°C backen und im geöffn. Ofen 1 Stunde abdämpfen. In der Form über Nacht kühlen.

Den Kuchen aus der Form nehmen und auf eine Kuchenplatte setzen. Die Sahne steif schlagen, auf den Kuchen streichen und mit gerösteten Mandeln bestreuen.

NSR.

März

Gemüse

Austernpilze ❀ Butterrüben
Champignons ❀ Chicorée ❀ Eichblattsalat
Feldsalat ❀ Friséesalat ❀ Karotten
Knollensellerie ❀ Lauch ❀ Pak Choi
Pastinaken ❀ Petersilienwurzel
Rosenkohl ❀ Schalotten ❀ Topinambur
Weißer Rettich ❀ Weißkohl

Obst

Blutorangen ❀ Orangen
Zitronen

Kräuter

Gartenkresse ❀ Pimpinelle ❀ Portulak
Rosmarin ❀ Schnittlauch ❀ Thymian

Wildkräuter

Bärlauch ❀ Brennnessel
Brunnenkresse ❀ Gänseblümchen
Giersch ❀ Guter Heinrich ❀ Löwenzahn
Sauerampfer ❀ Schafgarbe ❀ Vogelmiere

Sauvignon Blanc

Aroma:
grasig-pikant, frisches unreifes Obst (Apfel oder Stachelbeere), kräutig-würzig, Cassis, Muskat

Körper/Gehalt:
mittel, aromatisch mit kräftiger ansprechender Säure, Mineralton

Farbe:
hellgelb mit grünlichen Reflexen bis hellgold

Speisen:
Fischgerichte (auch Suppe), Meeresfrüchte, Gemüseaufläufe, Spargel, Sushi

Käse:
nur zu frischem Ziegenkäse

Trinktemperatur:
7 – 9 °C

Besonderheiten:
Die Weine sollten jung genossen werden.

Cabernet Dorsa

Aroma:
Waldbeeren, Schwarze Kirschen

Körper/Gehalt:
ausgewogene Harmonie, viel Körper, große Nachhaltigkeit, fruchtig, weiche Tannine

Farbe:
tiefdunkel bis violett

Speisen:
Braten, geschmortes Wild, gegrilltes Fleisch, geräucherter und gegrillter Fisch, mediterrane Gemüsegerichte, gehaltvolle Desserts (Tiramisu, Mousse au Chocolat)

Käse:
kräftig-würziger Käse, Rot- und Blauschimmelkäse, Weinkäse, Munster, Ofenkäse

Trinktemperatur:
15 – 18 °C

Besonderheiten:
Die Rebe ist eine Kreuzung zwischen *Dornfelder* und *Cabernet Sauvignon* und gedeiht sehr gut in Burgunder- und Silvanerlagen. Sie verträgt sehr gut den Ausbau im Barrique.

Vorspeise Feldsalat auf Roter Bete

Rote-Bete-Carpaccio:		
500 g Rote Bete	schälen, kochen	Rote Bete mit dem Hobel in dünne Scheiben hobeln und auf einem Teller anrichten. Himbeeressig und Traubenkernöl mischen und darüberträufeln, nach Geschmack salzen und pfeffern.
1 EL Himbeeressig 1 EL Traubenkernöl Salz, Pfeffer		
Feldsalat:		
150 g Feldsalat		Vom gewaschenen Feldsalat ggf. die Wurzeln abzupfen und ihn gut abtropfen lassen.
5 EL Öl (Oliven-, Raps- oder Färberdistelöl) 2 EL weißer Balsamico-Essig 1 TL gehäufter süßer Senf		Aus Öl, Balsamico-Essig, Senf, Preiselbeeren, Salz und Pfeffer eine Vinaigrette anrühren. Feldsalat neben der Roten Bete auf den Tellern anrichten und das Dressing darüberträufeln.
3 EL Preiselbeeren	(aus dem Glas)	
Salz, Pfeffer		
Topping:		
Kürbis- und Sonnenblumenkerne	ohne Fett anrösten	Die Kerne über den Salat streuen.

Suppe 

Bärlauchcreme-Suppe

MÄRZ

	Vorbereitungszeit:	*3 Stunden (davon 2 Std Kühlzeit)*
Helle Grundsuppe:		
75 g Butter		In einem Topf die Butter bei mittlerer Hitze schmelzen lassen und das Gemüse darin andünsten, ohne dass es zu braun wird. Die Hitze dafür eventuell reduzieren.
750 g Knollensellerie	in 2 cm große Stücke schneiden	
2 mittelgroße Kartoffeln	in große Würfel schneiden	
500 g Lauch	in 2 cm breite Streifen schneiden	
1 Gemüsezwiebel	in große Stücke schneiden	
250 ml Weißwein		Wenn die Zwiebel leicht glasig geworden ist, das Ganze mit Weißwein ablöschen und kurz aufkochen lassen, bis es nicht mehr alkoholisch riecht.
1 l Gemüsebrühe	heiß	Jetzt mit der Gemüsebrühe aufgießen, die Lorbeerblätter zugeben und bereits leicht mit Salz, Pfeffer und Muskat würzen.
2 Lorbeerblätter		
Salz, Pfeffer		
1 Prise Muskat		
		Die Suppe nun für 20 – 25 Min köcheln lassen, bis das Gemüse sehr weich geworden ist.
400 g Sahne		Dann die Lorbeerblätter wieder herausnehmen, die Sahne zugeben und für 2 – 3 Min mitkochen lassen. Schließlich die Suppe mit einem Pürierstab glatt mixen und mit Salz, Pfeffer und Muskat abschmecken.
Bärlauchsuppe:		
1 helle Grundsuppe		Für die Verfeinerung als Bärlauchsuppe den Bärlauch mit der Butter in einem kleinen Küchenmixer fein mixen. Die Butter dann in eine Schale geben und 1 – 2 Std kalt stellen.
½ Bund Bärlauch	grob klein schneiden	
100 g sehr weiche Butter		
		Vor dem Servieren die Grundsuppe aufkochen, dann die kalte Bärlauchbutter hineingeben und entweder mit dem Pürierstab aufmixen oder mit dem Schneebesen unterrühren.

TIP Die **Bärlauchbutter** könnt ihr schon am Vortag vorbereiten oder sogar auf Vorrat produzieren, auch mit anderen Aromakräutern. Im Gefrierschrank hält sie bis zu 6 Monate.

Hauptgericht 

Zander mit Wurzelragout

Wurzelragout:

		Für das Wurzelragout einen mittelgroßen Topf heiß werden lassen und
1 mittelgroße Zwiebel	fein würfeln	die Zwiebel bei mittlerer Hitze in etwas
1 EL Öl		Öl leicht glasig dünsten.
750 g Rote Bete	in 1 cm große Stücke schneiden	Dann das Wurzelgemüse zugeben, 3 – 5 Min mit andünsten und schließlich
750 g Pastinaken	in 1 cm große Stücke schneiden	mit dem Weißwein ablöschen, den man 2 – 3 Min einkochen lässt.
150 ml Weißwein		
1 Lorbeerblatt		Das Lorbeerblatt zufügen, mit ein wenig
Salz, Pfeffer		Salz, Pfeffer und Muskat würzen und
1 Msp. Muskat		mit Gemüsebrühe und Rote-Bete-Saft
1 l Gemüsebrühe		aufgießen. Das Ragout dann 15 – 20
1 l Rote-Bete-Saft		Min weiter bei mittlerer Hitze köcheln lassen und nochmals mit Salz, Pfeffer,
Koriandersamen	mahlen	Muskat und Koriander abschmecken, das Lorbeerblatt wieder entnehmen.
30 g Speisestärke		Zu guter Letzt die Speisestärke mit ca. 90 ml kaltem Wasser anrühren und in das Ragout einrühren, bis es die gewünschte Konsistenz erreicht hat. Zum Servieren das Ragout in eine
Schnittlauch oder Petersilie	klein schneiden bzw. hacken	schöne Schüssel füllen und mit Schnittlauch oder Petersilie garnieren.
4 flache Teller	warm stellen	

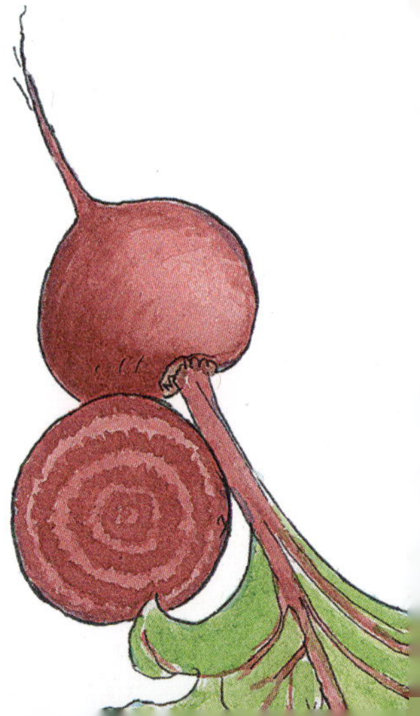

Hauptgericht

Zander:		
4 Zanderfilets à 150 – 180 g mit Haut	waschen, trocken tupfen	Die Zanderfilets auf der Hautseite etwas einschneiden, damit sie sich beim Braten nicht zu sehr wölben, leicht salzen und mehlieren.
Salz		
Mehl	zum Anbraten	
Pflanzenöl	zum Braten	Eine beschichtete Pfanne sehr heiß werden lassen, dann so viel Öl hineingeben, dass der Boden gleichmäßig dünn bedeckt ist. Nun die Zanderfilets mit der Hautseite nach unten hineinlegen. Die Hitze auf mittlere Stufe reduzieren und den Fisch ca. 5 Min (je nach Dicke der Filets) auf der Hautseite anbraten und dabei die Fleischseite mit Salz und Pfeffer würzen.
Pfeffer		Nach dieser Zeit sollte die Haut an der Seite leicht braun geworden sein und das Fleisch von unten her bereits etwas glasig. Nun die Filets wenden und die Hitze weiter reduzieren, damit der Fisch nicht zu sehr durchgart.
etwas Butter		Hierbei kann jetzt die Butter zugegeben und der Fisch löffelweise mit ihr übergossen werden. Nach ca. 3 Min sollte der Fisch durchgegart sein.
		Die Filets auf den vorgewärmten Tellern anrichten und zum Ragout servieren.

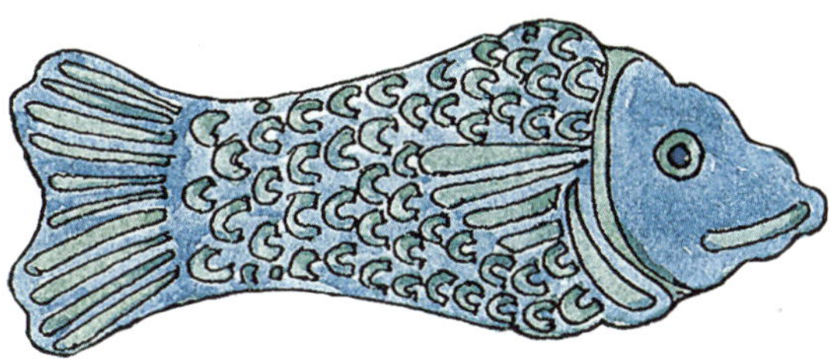

Sauvignon blanc,
trocken oder feinherb.

RatzFatz Spaghetti mit Bärlauchpesto

400 g Spaghetti		Die Nudeln nach Packungsanleitung kochen.
80 g Haselnüsse (oder Sonnenblumenkerne, Mandeln oder Pinienkerne)	ohne Fett in der Pfanne rösten	Die Nüsse (oder Kerne), den Käse und das Öl in den Mixer oder Pürierbecher geben und einmal mixen bzw. pürieren.
50 g Pecorino (aus Schafsmilch) oder anderer würziger Hartkäse (z.B. Parmesan)	reiben	
50 ml Olivenöl		
200 g Bärlauch	grob klein schneiden	Nach und nach die Bärlauchblätter zugeben und darauf achten, dass die Masse durch die Reibung nicht zu warm wird, denn sonst wird der Bärlauch schnell bitter.
1 TL Salz schwarzer Pfeffer		Mit Salz und Pfeffer abschmecken und das Pesto unter die Spaghetti mengen.

Das Pesto schmeckt auch auf geröstetem Brot oder zu Fisch und eignet sich zum Überbacken von kurz gebratenem Fleisch. Je nach Verwendung könnt ihr die Konsistenz des Pestos durch die Menge des zugegebenen Öls anpassen.

Sauvignon blanc, halbtrocken.

TIP **Bärlauchpesto lagern:** Das Pesto ohne den Käse zubereiten und diesen erst bei Verwendung zugeben. Das Pesto in ausgekochte Gläschen abfüllen und sofort verschließen. Es sollte immer eine Deckschicht aus Öl obenauf sein. Nach dem Öffnen solltet ihr das Pesto im Kühlschrank aufbewahren und innerhalb einer Woche verbrauchen.

Nachtisch  Weincreme

Für 4 – 6 Portionen

40 g Speisestärke		Speisestärke mit 1 EL Zucker, Vanille
100 g Zucker		und etwas vom Weißwein anrühren.
1 Vanilleschote	Mark herauskratzen	
500 ml Weißwein		Den restlichen Weißwein mit dem
1 Zitrone	aus der Hälfte den Saft auspressen	Zitronensaft und dem restlichen Zucker zum Kochen bringen, von der Herdplatte nehmen und die Stärkemischung unterrühren, aufkochen lassen, dann
3 Eigelb	verquirlen	die Eigelbe hineinrühren. Bis zum Erkalten öfters umrühren,
500 g Sahne	steif schlagen	damit sich keine Haut bildet, dann die Schlagsahne unterheben.

TIPP Ein luftiger Genuss, der die Aromen des verwendeten Weines zur Geltung bringt.

Die Weincreme in stilvollen Weingläsern servieren.

Weinvesper  Pikante Windbeutelchen

Windbeutelchen:		
250 ml Wasser		Wasser, Butter und Gewürze in einem
70 g Butter		Topf aufkochen. Dann das Mehl auf
1 Prise Salz		einmal in den Topf geben und bei mitt-
1 Prise Muskat		lerer Hitze zu einem Kloß rühren und
125 g Vollkornweizenmehl		ca. 1 Min »anbraten«. Den Teigklumpen in eine Rührschüssel
4 Eier	3 Eier verquirlen	geben. 1 Ei unter den Teig rühren, 10 Min abkühlen lassen. Jetzt die restlichen Eier mit den Knethaken des Handrührgerätes unter den Teig rühren.

Backofen auf 180° (Umluft) vorheizen. Zwei Bleche mit Backpapier auslegen und mit etwas Wasser besprenkeln. Den Teig in einen Spritzbeutel mit großer Sterntülle füllen und walnussgroße Rosetten mit Abstand auf das Backpapier spritzen. Die Bleche in den Ofen (mittlere Schienen) schieben und ca. 25 Min backen. Die ersten 15 Min die Ofentür geschlossen halten!

Weinvesper

Die **Windbeutelchen** vom Blech nehmen, abkühlen lassen und mittig aufschneiden, dann sind sie bereit zum Füllen.

Füllung: Blauschimmelkäse		
½ Eichblattsalat	klein zupfen	Die unteren Hälften der Windbeutel mit Salatblättchen belegen, Käsemasse mithilfe eines Spritzbeutels (Sterntülle) in kleinen Rosetten auf den Salat spritzen. Mit einer halben Walnuss garnieren und den »Deckel« aufsetzen.
200 g Blauschimmelkäse 80 g weiche Butter	mit einer Gabel zerdrücken und mischen	
15 Walnüsse	ganze Hälften	
Füllung: Camembert		
200 g Camembert	mit einer Gabel zerdrücken	Käse, Butter und Likör vermischen, mit Pfeffer abschmecken.
60 g weiche Butter 1 EL Orangenlikör Pfeffer		
½ Friséesalat	in kleine Blättchen zupfen	Die unteren Hälften der Windbeutel mit Salat belegen und die Käsemasse daraufspritzen, mit Pistazien bestreuen und den »Deckel« aufsetzen.
3 Pistazien	klein hacken	
Zum Anrichten:	Die Windbeutel auf einer Platte auf große Salatblätter setzen.	

Weingetränk

Weißer Glühwein mit Ingwer

1 Teefilter aus Papier		Den Teefilter mit den Gewürzen und den Ingwerscheiben füllen und mit Küchengarn zubinden.
2 Stück Sternanis	Samen rauslösen	
1 Zimtstange	ggf. teilen	
3 Nelken		In einem Edelstahltopf den Wein mit dem Kandis und dem Teebeutel langsam erhitzen (nicht kochen!).
1 Stück Ingwer (1 cm) Küchengarn	2 dünne Scheiben abschneiden	
750 ml Weißwein 3 EL weißer Kandis		Orangen- und Zitronensaft sowie die Stücke zugeben. 10 – 15 Min bei geringer Hitze ziehen lassen.
1 Orange 1 Zitrone	je eine Hälfte auspressen, andere Hälfte klein schneiden	Die Fruchtstücke und den Teebeutel entfernen und den Glühwein in Bechern heiß servieren.

Winzer Pinzjer

125 ml Milch ⊕ 80 g Zucker ⊕ 125 ml Weißwein
20 g Frischhefe ⊕ 500 g Mehl ⊕ 100 g Butter
1 Zitrone (nur Abrieb) ⊕ 5 g Salz ⊕ 3 Eigelbe
1 Ei zum Bestreichen ⊕

1. Milch leicht erwärmen und 1 El davon mit 1 El Zucker u. etwas Mehl zum Vorteig rühren:
   ↳ 15 min gehen lassen.
2. Die Butter in der Restmilch schmelzen, den Wein, den restlichen Zucker u. Zitronenabrieb dazugeben.
3. Das Mehl mit dem Salz in eine Rührschüssel sieben u. mit dem Vorteig, der Milch-Wein-Mischung u. den Eigelben zu einem sehr glatten Teig kneten:
   ↳ 1 Stunde gehen lassen.
4. Wenn sich die Teigmasse verdoppelt hat, nochmal durchkneten und wieder:
   ↳ 1 Stunde gehen lassen.

5. Zwei Backbleche mit Backpapier belegen.
6. Den Teig zusammenkneten, in 10 gleich große Stücke zerteilen und zu Kugeln formen. Auf Abstand auf die Bleche verteilen.
7. Das ganze Ei verquirlen, die Teigkugeln bestreichen.
   ↳ 30 min gehen lassen.
8. Die Teigkugeln kreuzweise tief einschneiden,
   ↳ 20 min gehen lassen.
9. Backofen auf 180 °C Ober-/Unterhitze vorheizen.

10. Die Bleche in den Ofen schieben,
    ↳ ca. 25 min goldbraun backen.

April

Gemüse

Champignons • Chicorée • Feldsalat
Karotten • Knollensellerie
Lauch • Pastinaken • Petersilienwurzel
Rhabarber • Schalotten • Spargel
Spinat • Weißkohl

Obst

Blutorangen • Orangen
Zitronen

Kräuter

Borretsch • Gartenkresse • Kerbel
Petersilie • Pimpinelle • Portulak
Rosmarin • Schnittlauch • Thymian

Wildkräuter

Bärlauch • Brennnessel • Brunnenkresse
Frauenmantel • Gänseblümchen
Giersch • Gundermann • Knoblauchs-
rauke • Löwenzahn • Sauerampfer • Sauer-
klee • Schafgarbe • Taubnessel
Veilchen • Vogelmiere

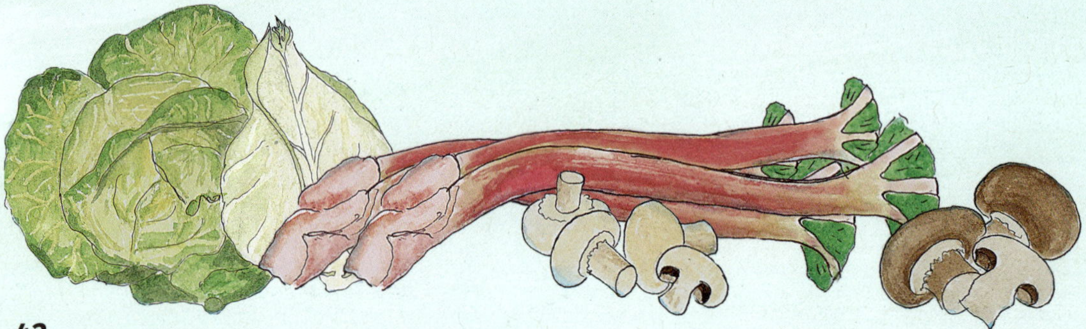

Müller-Thurgau

Aroma:
Wiesenkräuter, Muskat, Holunderblüten, Aprikose, Birne, Apfel, Maracuja

Körper/Gehalt:
süffig-leicht bis elegant-duftig

Farbe:
blass bis hellgelb

Speisen:
gedünsteter Fisch, Forelle blau, grüne Salate (auch mit Geflügel), Schlachtplatte, Wurstvesper, Picknick

Käse:
Hüttenkäse, junger Gouda, Tilsiter, halbfester Schnittkäse wie z.B. milder Butterkäse

Trinktemperatur:
7 – 9 °C

Besonderheiten:
In Rheinhessen ein beliebter Schoppenwein, gern auch als »Gespritzter« genossen. Er kann aber auch hohe Qualität liefern. Wird heute auch *Rivaner* genannt.

Cabernet Sauvignon

Aroma:
Cassis, Pfeffer, grüne Paprika, Lakritze, Kaffee, Tabak (nach langer Lagerung)

Körper/Gehalt:
gehaltvoll, teilweise kräftige Säure

Farbe:
tiefes Ziegelrot

Speisen:
zu dunklem Fleisch, wie Wild, Rind oder Lamm und zu gegrilltem roten Fleisch

Käse:
würzige Käse (Munster, Weinkäse), Blau- und Rotschimmelkäse

Trinktemperatur:
16 – 18 °C

Besonderheiten:
Wird gern verschnitten mit fruchtigem Partner, z.B. Merlot. Gut lagerfähig. Zum Ausbau im Barrique besonders geeignet.

Vorspeise – Röstbrot mit Lachsforelle

Erbsenaufstrich:		
250 g Erbsen Salz		Die Erbsen in Salzwasser ca. 4 Min blanchieren, dann abgießen und gut abtropfen lassen.
1 Knoblauchzehe	sehr fein hacken	Aus den Erbsen, dem Knoblauch und der Schalotte mit Essig, Traubenkernöl und Zitronensaft mit der Gabel einen stückigen Brei herstellen.
1 Schalotte	fein hacken	
1 EL weißer Balsamico-Essig		
1 EL Traubenkernöl		
1 Zitrone	Schale abreiben, 1 – 2 TL Saft auspressen	
1 TL Meerrettich Pfeffer		Abkühlen lassen, mit Meerrettich, Salz und Pfeffer abschmecken.
Röstbrot & Lachsforelle:		
12 dünne Scheiben Stangenweißbrot		Die Brotscheiben im vorgeheizten Backofen (Grill) auf beiden Seiten 1 – 2 Min goldbraun anrösten. Darauf den Erbsenaufstrich verteilen und mit dem Zitronenabrieb bestreuen. Die Forellenfiletstücke auf dem Röstbrot verteilen und mit dem Basilikum garnieren.
350 g geräucherte Lachsforellenfilets	zerpflücken	
6 Blätter Basilikum	in feine Streifen schneiden	

Ein fruchtiger Weißwein mit Zitrus- und exotischen Aromen.

Suppe Wildkräutersüppchen

2 Schalotten	fein würfeln	Die Schalotten in einem Topf in Butter andünsten und dann mit Weißwein ablöschen und etwas einkochen lassen. Die Gemüsebrühe mit der Kartoffel und der Sahne in die Weißwein-Basis geben und alles nochmals aufkochen.
1 EL Butter		
250 ml trockener Weißwein		
900 ml Gemüsebrühe		
1 Kartoffel	roh reiben	
200 g Sahne		
70 g gemischte Wildkräuter (z.B. Brunnenkresse, Vogelmiere, Brennnessel, Knoblauchsrauke)	hacken	Zum Schluss die Kräuter in die Suppe geben und mit einem Pürierstab fein pürieren.
Salz, Pfeffer		Mit Salz und Pfeffer abschmecken und mit Blüten dekorieren.
Gänseblümchen- und Hornveilchen-Blüten		

Variante: Als Suppeneinlage passen sehr gut gewürfelter Kochschinken oder hart gekochte, gehackte Eier.

TIPP

Brunnenkresse ist eine Sumpfpflanze mit hohlen Stängeln und weißen Blüten. Sie gilt als Aphrodisiakum sowie appetitanregend, stoffwechselfördernd und entschlackend.

Die krautige **Vogelmiere** hat ebenfalls weiße Blütchen und ist reich an Vitamin C. Die hoch wachsende **Brennnessel** steckt voll Vitamin A und C, Eisen, Kalium, Mangan und Calcium.

Die Blätter der **Knoblauchsrauke** enthalten Senfölglykoside und Knoblauchöl und duften daher nach Knoblauch, wenn sie zerrieben werden.

Hauptgericht

Grüne Soße

Sieben Kräuter gehören in die traditionelle grüne Soße, oder, wie man hier sagt, »grie Soß«: **Glatte Petersilie, Borretsch** (Gurkenkraut), **Sauerampfer, Schnittlauch** und **Kerbel** (zusammen 75 %) sowie **Gartenkresse** und **Pimpinelle** *(Wiesenknopf)*. Das ist die Zusammensetzung der »Frankfurter grie Soß« als geschützte Bezeichnung. Regional gibt es die Zutaten ab kurz vor Ostern im Handel, wenn sie besonders vitaminreich sind. Frisch aus dem Garten können sie auch selbst zusammengestellt werden, aber: immer ohne Dill!

TIPP Die fertig in Papier abgepackten **Frankfurter grüne Soße**-Kräuter müssen per Verordnung aus der Region rund um Frankfurt stammen, in einem bestimmten Verhältnis sowie von Hand sortiert werden und dürfen im Verkauf nicht älter als 36 Stunden sein. Damit habt ihr eine gewisse Frischegarantie.

450 g Kräuter: glatte Petersilie, Kresse, Schnittlauch, Sauerampfer, Borretsch, Pimpinelle, Kerbel 300 g Schmand 200 g saure Sahne 250 g Joghurt (stichfest, 10 % Fettanteil) 3 EL Mayonnaise	harte Stiele entfernen, sehr fein hacken (wiegen)	Kräuter mit Schmand, saure Sahne, Joghurt und Mayonnaise gut verrühren, bis die Soße grün ist. Viele pürieren die Soße samt der Kräuter, aber wir bevorzugen das Hacken der Kräuter mit einem scharfen (Wiege-)Messer, so bleiben die Aromen der einzelnen Kräuter besser erhalten.
1 Zitrone oder Weinessig Salz, Pfeffer	1 ½ EL Saft auspressen	Mit Zitronensaft oder Weinessig, Salz und Pfeffer abschmecken.

Vegetarische Variante:
Zu Gründonnerstag oder als Alltagsvariante nehmt ihr hart gekochte Eier statt Tafelspitz oder Zander.

Beilage:
Salz- oder Pellkartoffeln

Müller-Thurgau, trocken, oder ein fruchtiger, trockener Riesling.

Hauptgericht  Tafelspitz

Vorbereitungszeit: 3 Stunden

2 EL Rapsöl 2 mittelgroße Zwiebeln 600 g Rindermarkknochen 2 EL Salz 20 schwarze Pfefferkörner 2 Lorbeerblätter 2 Nelken 4 Pimentkörner	 mit Schale halbieren gut waschen	In einem großen Suppentopf etwas neutrales Öl erhitzen und die Zwiebelhälften auf der Schnittseite sehr dunkel anbraten. Die Markknochen, Salz und Gewürze in den Topf geben und mit 4 l Wasser aufgießen und zum Kochen bringen.
1,3 kg Tafelspitz		In die kochende Flüssigkeit den Tafelspitz geben. Die Suppe sollte nur leicht sieden – insgesamt ca. 2,5 Std, ohne Deckel! Zwischenzeitlich mit einer Schaumkelle den sich bildenden Schaum abschöpfen, dann bleibt sie schön klar.
600 g Suppengemüse: Knollensellerie, Petersilienwurzel, Lauch, Karotte 3 Stiele Petersilie	 in grobe Stücke schneiden klein hacken	Nach ca. 1 Stunde Siedezeit das Suppengemüse und die Petersilie zugeben und bis zum Ende mitköcheln.
		Das schön weich gekochte Fleisch aus der Brühe nehmen, die Brühe durchpassieren. Das Fleisch nach einer kurzen Ruhezeit vor dem Servieren gegen die Faser in dünne Scheiben aufschneiden und warm stellen.

Beilagen:
Grüne Soße,
Kartoffeln

TIP **Der Tafelspitz** ist das spitz zulaufende Muskelfleisch aus der Rinder- oder Kalbshüfte. Im Allgemeinen hat der Tafelspitz eine Fettauflage (Schwarte), die beim Kochen oder Braten dranbleiben kann.
Die Gemüsebrühe ist die Grundlage für eine herzhafte Kraftbrühe mit Suppeneinlage (Nudeln, Backerbsen, Eierschwämmchen, Eierstich zusammen mit fein geschnittenem Gemüse der Saison) oder für Eintöpfe. Die Brühe kann zudem als Basis für eine leckere Meerrettichsoße dienen statt der hier empfohlenen grünen Soße.

Ratz Fatz Spinat & Spaghettini

400 g Spaghettini		Die Nudeln nach Packungsanleitung kochen.
1 Zwiebel 2 EL Olivenöl 1 – 2 Knoblauchzehe(n)	würfeln fein hacken	In einer Pfanne die Zwiebelwürfel in Olivenöl glasig anschwitzen, den Knoblauch zugeben und umrühren, damit er etwas Hitze bekommt.
500 g Blattspinat 200 g Sahne Salz, Pfeffer	grob hacken	Dann den Spinat mit der Sahne in die Pfanne geben, mit Salz und Pfeffer abschmecken. Kurz einköcheln lassen, die abgetropften Spaghettini zugeben.
Hartkäse, z.B. Parmesan	reiben	Mit Hartkäse überstreut servieren.

Müller-Thurgau halbtrocken,
gern als Schorle (mit Sprudel).

TIPP

Nicht immer ist es notwendig, den **Rhabarber** abzuziehen. Das hängt von den Rhabarberstangen und der Erntezeit ab, denn je früher in der Saison geerntet, desto zarter ist er. Wenn der Rhabarber nicht geschält wird, behält das Kompott ein intensiveres Rot.

Nachtisch

Sauerampfer-Mousse mit Rhabarberkompott

	Vorbereitungszeit:	*6 Stunden Kühlzeit*
Mousse:		
60 g junge Sauerampferblätter 1 EL Traubenkernöl 150 g Naturjoghurt 2 EL Puderzucker		Den Sauerampfer mit dem Traubenkernöl zusammen in einem Blitzhacker zu einem sehr feinen Püree mixen. Den Joghurt mit dem Sauerampfer-Püree, dem Puderzucker und dem Zitronensaft
1 Zitrone	1 EL Saft auspressen	glatt rühren.
150 g Sahne – außer 5 EL	steif schlagen	5 EL Sahne in einem kleinen Topf
12 Blatt weiße Gelatine	10 Min in kaltem Wasser einweichen	erhitzen (nicht zu heiß) und die ausgedrückte Gelatine darin auflösen. Die Mischung sofort mit dem Schneebesen unter die Joghurt-Sauerampfer-Mischung rühren. Kalt stellen, bis die Masse anfängt zu gelieren. Die steife Schlagsahne mit einem Teigschaber vorsichtig unter die gelierte Masse heben. Die Mousse in servierfertige Gläser oder Schälchen füllen und min. 6 Std kühl stellen.
Rhabarberkompott:		
500 g Rhabarber	in kleine Stücke schneiden	Den Rhabarber in einem Topf mit dem
100 g Zucker 1 Pck Vanillezucker oder 5 g gemahlene Vanille		Zucker und Vanillezucker vermischen und 30 Min ziehen lassen, gelegentlich umrühren, damit der Zucker das saure Wasser aus dem Rhabarber ziehen kann. Die Mischung dann bei geringer Hitze ca. 15 Min köcheln lassen, dabei öfter rühren, damit nichts anhängt.
etwas Zitronensaft		Mit Zitronensaft abschmecken. Kühl stellen. Die Mousse-Gläser aus der Kühlung
	Müller-Thurgau, lieblich.	nehmen und mit dem Rhabarberkompott auffüllen.

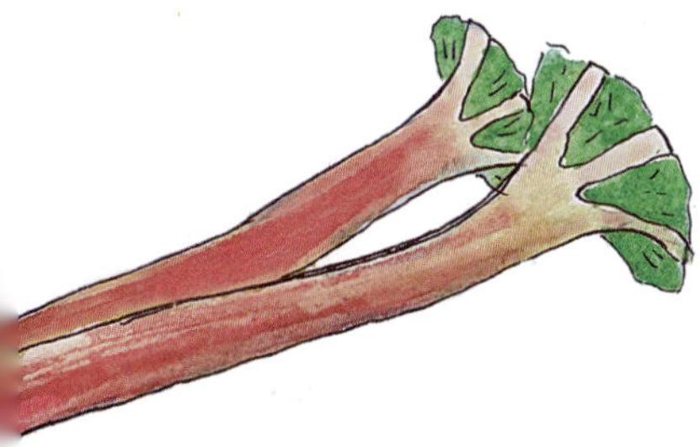

Weinvesper 

Weinkäse mit Musik

Vorbereitungszeit: 4 Tage

Weinkäse:

- 4 – 6 Handkäse
- 2 – 3 TL Kümmel
- 1 Flasche trockener Weißwein

Der Handkäse (im Handel »Harzer«) sollte schön reif sein, was an der goldgelben, glänzenden Farbe zu erkennen ist. Die Käsetaler in einem irdenen Topf mit etwas Kümmel dazwischen flach schichten.
Mit Weißwein den Topf so voll gießen, dass die Käselaibe gut bedeckt sind.
Den Topf mit einem Leinentuch abdecken und kühl stellen.
Nach 3 – 4 Tagen sind die Käselaibchen gut durchgezogen.

Musik:

- 1 große (rote) Zwiebel – fein würfeln
- 6 EL Raps- oder Sonnenblumenöl
- 6 EL Weißwein
- 6 EL Weinessig
- Pfeffer

Die Zwiebelwürfel mit Öl, Weißwein (dem gleichen Wein wie zum Einlegen) und Essig vermischen. Den Käse aus dem Wein nehmen und mit der »Musik« übergießen. Pfeffern.
Dazu schmeckt ein kräftiges Landbrot und ein herzhafter Wein.

Weingetränk 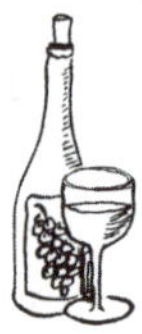

Unkrautbowle

Vorbereitungszeit: 4 Stunden

- 10 junge Gierschblätter
- 1 – 2 Stiele Gundermann
- 1 Handvoll Vogelmiere
- 1 l trockener Weißwein

Die Kräuter etwas andrücken (damit die Inhaltsstoffe sich lösen) und in Wein einlegen. 4 Std im Kühlschrank ziehen lassen, dann abseihen.

- 1 Zitrone – Saft auspressen
- Läuterzucker nach Geschmack – etwas Zucker in etwas heißem Wasser auflösen

Den Ansatz in ein Bowlegefäß oder einen großen Krug füllen, Zitronensaft und den Läuterzucker zugeben – ist der Zucker schon aufgelöst, bleibt der »Prickel« im Getränk, weil es nicht so viel umgerührt werden muss.

- 1 Flasche Winzersekt

Zum Schluss mit dem Sekt aufgießen.

Weißwein-Karotten-Kuchen

vegan

Zutaten

750ml Weißwein (trocken) · 350g Reismehl · 300g Maismehl · 1 Pr. Salz · 1 Gewürznelke + 2 Kardamomkapseln + 1 Pimentkorn (fein mahlen) · 1 P. Weinsteinbackpulver · 250g Zucker/Rohrzucker · 200g Mandeln (geröstet + gemahlen) · 500g Karotten (fein geraspelt) · 150g Kakaobutter od. vegane Margarine · 7 El Traubenbrand

Kakaobutter verflüssigen. Mandeln trocken rösten u. mahlen. Alle trockenen Zutaten mischen und in eine Rührschüssel geben. Die Karotten fein raspeln und untermischen. Den Weißwein dazugeben und unterrühren, dann die flüssige Kakaobutter dazu und gut 4 Minuten rühren. Zum Schluss den Traubenbrand dazugeben und alles nochmal gut verrühren.

Eine 30cm Kastenform mit Backpapier auslegen und den Kuchenteig einfüllen. Die Form ist gut gefüllt, aber der Teig geht nicht besonders hoch beim Backen und ist recht flüssig.
In den kalten Backofen stellen (mittl. Schiene), auf 150°C einstellen u. ca. 90 Min backen.
24 Std ruhen lassen!

Mai

Gemüse

Artischocke ✽ Bataviasalat ✽ Blumenkohl
Champignons ✽ Eichblattsalat
Endiviensalat ✽ Friséesalat ✽ Frühlings-
zwiebeln (Frühlingslauch) ✽ Gurken
Karotten ✽ Kartoffeln ✽ Knollensellerie
Kohlrabi ✽ Kopfsalat ✽ Lollo rosso ✽ Mangold
(Römisch Kehl) ✽ Radieschen ✽ Rhabarber
Romanasalat ✽ Rucola ✽ Schalotten
Spargel ✽ Spinat ✽ Spitzkohl ✽ Steinpilze
Weißkohl ✽ Wirsing ✽ Zucchini

Obst

Erdbeeren
Zitrusfrüchte

Kräuter

Borretsch ✽ Currykraut ✽ Estragon ✽ Garten-
kresse ✽ Kerbel ✽ Liebstöckel ✽ Lorbeer
Majoran ✽ Minze ✽ Petersilie ✽ Pimpinelle
Salbei ✽ Schnittlauch

Wildkräuter

Bärlauch ✽ Brennnessel ✽ Brunnenkresse
Dost (Oregano) ✽ Gänseblümchen
Giersch ✽ Gundermann ✽ Guter Heinrich
Hornveilchen ✽ Holunderblüten ✽ Knob-
lauchsrauke ✽ Löwenzahn ✽ Sauerampfer
Sauerklee ✽ Schafgarbe ✽ Stiefmütterchen
Taubnessel ✽ Waldmeister

Riesling

Aroma:
grüner Apfel, Pfirsich oder Aprikose, Zitrone, Kräuter

Körper/Gehalt:
leicht bis mittelkräftig, säurebetont, erfrischend, elegant und komplex

Farbe:
grünlich gelb bis goldgelb

Speisen:
helle Ragouts, gedünsteter Fisch, zartes Gemüse, Karotten, Zuckerschoten, Muscheln, paniertes Geflügel, fruchtige Desserts, asiatische Gerichte, Schinken

Käse:
Schnittkäse, Gouda, Edamer, Butterkäse, junger Camembert, Ziegen- und Schafskäse

Trinktemperatur:
7 – 9 °C

Besonderheiten:
Eignet sich besonders zur Sektherstellung, die Trockenbeerenauslesen, Eisweine passen sehr gut zu Desserts und weißer Schokolade.

Schwarzriesling

Aroma:
Walderdbeeren, Brombeeren, Himbeeren, Süßkirschen

Körper/Gehalt:
große Fülle, Eleganz und Harmonie, zartes Burgunderaroma, feinfruchtig, feingliedriger Körper

Farbe:
rubinrot mit ziegelroten Reflexen

Speisen:
als trockener Sommerwein zu Nudelgerichten und Salaten, als halbtrockener zu dunklem Fleisch und Gegrilltem, als Rosé zu Vorspeisen und mediterranen Gerichten

Käse:
milde Käsesorten

Trinktemperatur:
als Rotwein: 14 – 16 °C
als Weißherbst: 7 – 12 °C

Besonderheiten:
In Frankreich *Pinot meunier* genannt, ist er mit *Pinot noir* und *Chardonnay* Grundlage für die Champagnerherstellung. Hier vorwiegend als Qualitätswein im Handel.

Vorspeise  Spargelsalat mit Spinat

500 g grüner Spargel	in ca. 4 cm lange, schräge Stücke schneiden	Den Spargel in kochendem Salzwasser 4 – 5 Min garen. Abgießen und kurz kalt abschrecken, damit die grüne Farbe erhalten bleibt, gut abtropfen lassen.
Salz		
100 ml Gemüsebrühe	heiß	Für die Vinaigrette die Gemüsebrühe, Weinessig, Senf, Salz und Pfeffer mit dem Honig glattrühren, Estragon und Schalotten unterrühren.
50 ml Weißweinessig		
2 TL mittelscharfer Senf		
Salz, Pfeffer		
2 TL Honig		
3 Zweige Estragon	nur die Blätter, fein hacken	
2 Schalotten	fein würfeln, im Sieb mit heißem Wasser übergießen, gut abtropfen lassen	
100 ml Olivenöl		Anschließend das Oliven- und Traubenkernöl ebenfalls einrühren.
100 ml Traubenkernöl		
100 g Friséesalat	Blätter zerteilen	Zum Anrichten die Spargelstücke mit Frisée, Spinat und Radieschen auf einen Teller geben.
250 g Babyspinat		
1 Bund Radieschen	vierteln	
		Die Vinaigrette darüber verteilen. Dazu Baguette reichen.

Riesling, jung und fruchtig,
oder trockener Silvaner.

TIPP **Grüner Spargel** muss nicht geschält werden, da seine Schale sehr dünn ist. Unter ihr stecken die meisten Vitamine. Ist der Spargel durchgehend grün, wird nur das untere Ende fingerbreit abgeschnitten. Sind die Stangen sehr dick und fühlt sich die Schale hart an, wird lediglich das untere Drittel geschält.

Frühlingskräutersuppe

2 EL Olivenöl		Olivenöl in einem breiten Topf erhitzen.
200 g weißer Spargel	in 5 cm lange Stücke teilen	Spargel und Zucchini ca. 10 Min darin anbraten, die Spargelspitzen aus dem Topf nehmen und beiseitestellen, die Stücke weiter mitkochen.
200 g Zucchini	in Würfel schneiden	
1 Knoblauchzehe	sehr fein würfeln	Den Knoblauch in den Topf geben und mit Weißwein ablöschen. Den Wein fast vollständig einkochen lassen.
250 ml Weißwein		
500 ml Gemüsebrühe	heiß	Dann alles mit der Gemüsebrühe aufgießen und nochmals kurz aufkochen lassen. Die Herdplatte ausschalten.
2 Handvoll Frühlingskräuter (z.B. Kerbel, Sauerampfer, Borretsch, Pimpinelle, Petersilie, Schnittlauch)	hacken	Nun die Kräuter in den Topf geben und alles mit einem Pürierstab zerkleinern.
50 g Schmand		Zum Schluss den Schmand einrühren, mit Salz und Pfeffer abschmecken. Die Suppe in Tellern mit den Spargelspitzen servieren.
Salz, schwarzer Pfeffer		

Ratz Fatz Bandnudeln mit Römisch Kehl

400 g Bandnudeln		Die Nudeln nach Packungsanleitung kochen.
Olivenöl 1 Zwiebel 2 Knoblauchzehen 800 g Mangold (der heißt in Rheinhessen *Römisch Kehl)* 200 ml halbtrockener Weißwein	 würfeln fein hacken Stiele quer in 1 cm große Stücke, die Blätter in Streifen schneiden	In einer großen Pfanne das Öl erhitzen und die Zwiebel darin anschwitzen. Den Knoblauch kurz mit ins Öl, dann gleich die Mangoldstiele zufügen, mit Wein ablöschen. Bei geschlossenem Deckel bissfest kochen. Dann die Blätter zugeben.
200 g Schmand Salz, Pfeffer		Alles noch mal kurz kochen und den Schmand einrühren, mit Salz und Pfeffer abschmecken. Jetzt die Bandnudeln mit in die Pfanne geben und unterheben.
		Schmeckt als Tellergericht auch mit geriebenem Hartkäse.

Riesling, fruchtig, halbtrocken.

TIP

Römisch Kehl ist Mangold. Er wird gerne als Blatt- oder Stielgemüse zubereitet, die Blätter wie Spinat, die Stiele wie Spargel (dicke Stiele müsst ihr eventuell etwas abziehen, sie haben manchmal Fäden, wenn sie schon sehr wüchsig waren). Mangold enthält viel Vitamin K, A und E sowie Natrium, Magnesium, Kalium und Eisen. Bei Nierenleiden ist Vorsicht geboten, wegen des hohen Oxalsäure-Gehaltes!

Hauptgericht  Selztaler Weingulasch

4 EL Öl (neutrales Sonnenblumen- oder Färberdistelöl) 600 g Gulasch (gemischt aus Rind und Schwein) 500 g Zwiebeln	in mundgerechte Stücke schneiden in Ringe schneiden	Das Öl in einem Schmortopf erhitzen und das Fleisch darin anbraten, bis es rundum Farbe angenommen hat. Fleisch herausnehmen und die Zwiebeln hineingeben und anbraten.
100 g Knollensellerie 1 Karotte 1 Apfel 1 EL scharfer Senf 1 EL Aprikosenkonfitüre oder Apfelgelee 2 Knoblauchzehen	fein würfeln fein würfeln würfeln klein hacken	Wenn die Zwiebeln Farbe bekommen haben, die Sellerie-, Karotten- und Apfelwürfel zugeben und kurz mitbraten, dann den Senf, die Aprikosenkonfitüre und den Knoblauch zufügen.
500 ml kräftiger, trockener Weißwein 250 ml Wasser Salz, Pfeffer		Noch mal umrühren und mit Weißwein ablöschen, Wasser angießen und mit ein wenig Salz und Pfeffer würzen. Salz erst vor dem Servieren abschmecken, denn es kocht noch ein.
1 Teebeutel oder -ei 7 Wacholderbeeren 2 frische Lorbeerblätter	 andrücken	In einem Teebeutel die Wacholderbeeren und Lorbeerblätter in die Soße legen und mitkochen.
200 g Sahne		Wenn der Bratenfond vom Topfboden losgekocht ist, die Sahne zugeben und alles ca. 20 Min zugedeckt bei mittlerer Hitze schmoren lassen. Zwischendurch etwas rühren, damit nichts anhängt.
500 g Champignons etwas Butter	in Scheiben schneiden	Inzwischen die Champignons in einer Pfanne mit etwas Butter anbraten.
Majoran		Dann in das Weingulasch geben, den Teebeutel entnehmen, mit Salz und Majoran abschmecken. Die Soße sollte bis dahin so weit eingekocht sein, dass sie sämig ist. Zur Not mit etwas Speisestärke nachhelfen.

Beilagen:
Spätzle,
frischer
Gartensalat

Waldmeistermousse mit Erdbeer-Salat

Vorbereitungszeit: *4 Stunden (Kühlzeit) oder über Nacht*

Mousse:		
200 g Sahne 200 ml Milch 120 g Zucker		In einem Topf Sahne, Milch und Zucker aufkochen lassen, den Herd ausschalten.
1 Bund Waldmeister, leicht angetrocknet		Den Waldmeister zugeben und max. 25 Min ziehen lassen! Dann den Bund wieder herausnehmen und die Flüssigkeit passieren.
6 Eigelb		Die Eigelbe zugeben und das Ganze in einem Schlagkessel (oder einer Metallschüssel) überm Wasserbad so lange aufschlagen, bis die Masse leicht bindet (zur Rose aufschlagen).
5 Blatt weiße Gelatine	10 Min einweichen	Die Gelatine etwas ausdrücken und behutsam in der noch warmen Masse
1 Zitrone	Saft auspressen	auflösen. Den Zitronensaft zufügen und abkühlen lassen.
140 g Sahne	steif schlagen	Wenn die Creme anfängt zu gelieren, die Schlagsahne unterheben. Die Mousse muss min. 4 Std gut gekühlt werden.
Erdbeer-Salat:		
500 g Erdbeeren	in dünne Scheiben schneiden	Die Erdbeeren in einer Schüssel mit dem Vanillezucker und dem Zitronensaft vorsichtig mischen.
2 TL Vanillezucker		
1 kleine Zitrone	auspressen	
2 Stiele Minze (4 Blätter für Deko aufheben)	nur die Blätter, in feine Streifen schneiden	Die Minze unter die Erdbeeren heben und alles zusammen ca. 15 Min durchziehen lassen.

Zum Anrichten: Von der Waldmeistermousse mit dem Esslöffel Nocken ausheben und auf 4 Tellern neben oder auf dem Erdbeer-Minze-Salat anrichten, mit einem Minzblatt dekorieren.

Riesling Auslese, lieblich, gern auch eine Beerenauslese.

Weinvesper  Riesling Bund

Vorbereitungszeit: *3 Stunden*

30 g frische Hefe		Die Hefe mit Zucker und Milch auflösen und 15 Min gehen lassen.
1 Prise Zucker		
4 EL Milch	lauwarm machen	
500 g Mehl		Das Mehl in eine Rührschüssel geben, eine Mulde bilden, dort Eier, Hefemischung und Salz zufügen und langsam mit dem Mehl vermischen, nach
2 Eier		
1 TL Salz		
200 ml Riesling	lauwarm machen	und nach den Wein zugeben, bis ein fester Teig entsteht. Diesen gründlich kneten und klopfen, um ihn zu durchlüften. Dann nach und nach die Butter
150 g zimmerwarme Butter		einarbeiten. Den Teig von der Schüssel lösen, mit einem Tuch bedecken und 45 – 60 Min gehen lassen.
150 g Schinkenspeck, mild geräuchert und mager	in kleine Würfel schneiden	Anschließend Schinkenspeck, Käse und Walnüsse in den Teig einarbeiten.
100 g Emmentaler Käse	reiben	
100 g Walnüsse	hacken	
1 Bundform (Gugelhupf)	mit Butter fetten und bemehlen	Den Teig in der Bundform verteilen und nochmals 45 – 60 Min gehen lassen, bis er sich verdoppelt bzw. den Rand leicht überstiegen hat. Im vorgeheizten Backofen bei 190° 45 Min backen, bis der Kuchen goldbraun ist. Stäbchenprobe machen. Nach dem Abkühlen auf ein Gitter stürzen.

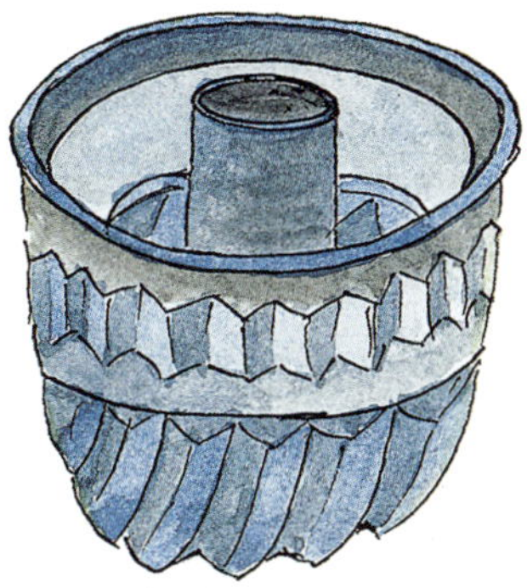

Vegetarische Variante:
Statt Speck knetet ihr 100 g klein geschnittene getrocknete, in Öl eingelegte Tomaten mit in den Teig.

TIPP: Schmeckt super zum Wein und eignet sich sehr gut für ein Picknick im Wingert.

Weingetränk

Maibowle

	Zubereitungszeit:	*min. 30 Minuten Kühl- und Ziehzeit*
1 Flasche trockener Weißwein		Den Weißwein in ein Bowlegefäß geben und den Läuterzucker einrühren. Das Waldmeisterbündel kopfüber in den Wein hängen, die Stielenden sollen aus der Flüssigkeit ragen. Kleiner Tipp: Das Kräuterbündel an einen Kochlöffelstiel binden und diesen über das Gefäß legen. Kühl 30 Min ziehen lassen, dann das Kräuterbündel entfernen.
50 ml Läuterzucker	entspricht ca. 25 g Zucker in heißem Wasser aufgelöst	
10 g Waldmeister	mit einem langen Faden zu einem Bündel schnüren	
1 Zitrone	1 Hälfte auspressen, 2. Hälfte in dünne Scheiben schneiden	Zitronensaft- und scheiben in die Flüssigkeit geben, mit dem Winzersekt aufgießen.
1 Flasche Winzersekt	eiskalt	

Serviert wird die Maibowle mit frischen Erdbeeren im Bowleglas.

Für Kinder: Wein durch Apfelsaft ersetzen und mit Mineralwasser statt Sekt aufgießen.

TIPP

Waldmeister – nicht umsonst auch *Maikraut* genannt – setzt in welkem und trockenem Zustand die Droge *Cumarin* frei, die den charakteristischen Waldmeistergeruch verursacht, bei größeren Mengen aber auch Übelkeit und Kopfschmerzen. Deswegen das Kraut nicht zu lange in Soße oder Bowle ziehen lassen (max. 2 Std). Besonders die Blüten enthalten viel Cumarin, deswegen pflückt man Waldmeister vor der Blüte. Er wächst in schattigen Buchenwäldern, aber auch im Hausgarten oder im Kübel. Zur Saison wird er in frischen Bündeln angeboten, die ihr vor dem Verbrauch etwas antrocknen lasst, dann gibt das Kraut sein Aroma leichter ab.

Brandteigtorte mit Weincreme & Rhabarber

1. Backofen auf 200°C vorheizen.
2. Springform (24cm Ø) ausbuttern und mit Mehl bestreuen.
3. 20g Zucker mit 190ml Wasser, 100g Butter u. 1 Pr. Salz aufkochen. Mehl einrieseln lassen u. unter Rühren (Holzlöffel) bei schwacher Hitze rösten, bis sich die Masse vom Topfboden löst. Masse in eine Rührschüssel geben, abkühlen lassen, dann 2 Eier einarbeiten.
4. Teig mit Spritzbeutel (gr.★-Tülle) auf Backformboden @förmig dressieren, auch am Rand!
5. Teigboden 30min backen, Ofen abschalten u. 20min bei leicht geöffneter Ofentür ruhen lassen.
6. 70g Erdbeermarmelade aufstreichen.
7. Rhabarber (gut 400g) schälen und in 1cm Stücke schneiden. 200ml Weißwein mit 80g Zucker, 1Tl Zitronensaft, Vanille u. 20g Himbeeren pürrieren u. aufkochen. Rhabarber darin weich ziehen lassen, rausnehmen und abtropfen lassen. 2 Blatt eingeweichte Gelatine in 100ml erwärmten Rhabarbersud auflösen. Rhabarberstücke dazu geben u. auf dem Boden verteilen.
8. 2 Eidotter mit 10g Zucker u. 120ml Rhabarbersud über Wasserbad dickcremig aufschlagen, 2 Blatt eingew. Gelatine darin auflösen. Kalt rühren u. auf den Kuchen geben.
9. Torte mind. 4 Stunden kühlen.
10. Als Dessert od. zum Kaffee geniessen.

Juni

Gemüse

Artischocke ❀ Blumenkohl ❀ Brokkoli
Champignons ❀ Dicke Bohnen (Saubohnen)
Erbsen ❀ Fenchel ❀ Frühlingszwiebeln
Gurken ❀ Karotten ❀ Kartoffeln ❀ Knoblauch
Kohlrabi ❀ Mangold ❀ Paprika
Radieschen ❀ Rettich ❀ Rhabarber ❀ Rotkohl
Salate (Batavia, Eichblatt, Eisberg,
Endivie, Kopfsalat, Lollo, Romana) ❀ Spargel
Spinat ❀ Spitzkohl ❀ Weißkohl
Wirsing ❀ Zucchini ❀ Zuckerschoten
Zwiebeln

Obst

Erdbeeren ❀ Heidelbeeren
Himbeeren ❀ Johannis-
beeren ❀ Kirschen ❀ Stachelbeeren

Kräuter

Blutampfer ❀ Borretsch ❀ Currykraut
Estragon ❀ Gartenkresse ❀ Kapuzinerkresse
Kerbel ❀ Lavendel ❀ Liebstöckel ❀ Lorbeer
Melisse ❀ Minze ❀ Petersilie ❀ Pimpinelle
Ringelblume ❀ Rosmarin ❀ Salbei ❀ Schnitt-
lauch ❀ Stiefmütterchen ❀ Tagetes ❀ Tag-
lilie ❀ Pelargonien ❀ Weinraute ❀ Ysop

Wildkräuter

Brennnessel ❀ Brunnenkresse ❀ Bärlauch-
blüten ❀ Dost (Oregano) ❀ Eisenkraut
Gänseblümchen ❀ Giersch ❀ Gunder-
mann ❀ Guter Heinrich ❀ Holunderblüten
Knoblauchsrauke ❀ Löwenzahn ❀ Mädesüß
Malve ❀ Sauerampfer ❀ Sauerklee ❀ Schaf-
garbe ❀ Taubnessel ❀ Vogelmiere

Kerner

Aroma:
Apfel, Birne, Wiesenblumen, Ananas, Muskat, Pfirsich

Körper/Gehalt:
leicht bis mittel, angenehme Säure, zart duftende Weine mit Muskatbukett, als Spätlese kräftig, nussartig

Farbe:
hellgelb bis sonnengelb

Speisen:
gekochtes Geflügel, Kalbfleisch, geräucherter Fisch, Salat, Krustentiere, gefüllte Paprika, Gemüseterrinen, Spargel, fruchtige Desserts

Käse:
Weichkäse, junger Camembert, milder Schnittkäse

Trinktemperatur:
7 – 9 °C

Besonderheiten:
Süße Spätlesen passen sehr gut zu Desserts mit Äpfeln.
Ein saftiger Schoppenwein, geeignet für blumige Sekte.

Portugieser

Aroma:
Himbeeren, Cassis, Sauerkirschen, Holunderblüten, Preiselbeeren, Pfeffer, Nelke

Körper/Gehalt:
frisch, vollmundig, süffig, angenehm frische Säure, wenig Tannine

Farbe:
rubinrot

Speisen:
Wildgerichte, Rindfleisch (Tafelspitz), Rote Bete, Vorspeisen, herzhafte Gratins, mediterrane Gerichte

Käse:
gebackener Camembert, Sauermilch- und Frischkäse, Weichkäse mit Naturrinde

Trinktemperatur:
als Rotwein: 14 – 16 °C
als Weißherbst: 9 – 13 °C

Besonderheiten:
Guter Schoppenwein, leichter als andere Rotweine, als Weißherbst zu Geflügel und aromatischem Käse, ein genügsamer Essensbegleiter.

Vorspeise

Mainzer Schinken mit Erdbeeren

4 EL dunkler Balsamico-Essig 1 EL aromatischer Honig		In einem kleinen Topf Balsamico-Essig und Honig unter Rühren erwärmen, bis der Honig gelöst ist (nicht kochen).
500 g Erdbeeren	je nach Größe halbieren oder vierteln	Die Erdbeeren in eine Schüssel geben und die Basilikumblätter unterheben.
1 Bund Basilikum	Blätter ohne Stiele in sehr feine Streifen schneiden	
150 g Mainzer Schinken (oder anderer luftgetrockneter Schinken)		Auf einem Teller den Schinken mit den Erdbeeren anrichten, den Käse darübergeben und alles mit dem Balsamico-Honig-Sirup beträufeln.
50 g Hartkäse	mit Sparschäler (oder feinem Käsehobel) in dünne Scheiben hobeln	
grüner Pfeffer	aus der Mühle	Obendrauf frischen Pfeffer mahlen und servieren.

Kerner, trocken oder feinherb.
Riesling, trocken.

TIPP Der **Mainzer Schinken** ist eine wiedergefundene Spezialität. Er war 400 Jahre lang ein Mainzer Exportschlager. Im Zweiten Weltkrieg aber wurden bei der Bombardierung von Mainz alle Produktionsstätten zerstört und die Schinkenspezialität geriet in Vergessenheit. Einer Mainzer Stadtführerin, einem französischen Kinderlied und einem experimentierfreudigen Metzgermeister ist es zu verdanken, dass dieser besondere Schinken in den 1980er-Jahren ein Comeback erhielt. Es ist ein nur leicht geräucherter, luftgetrockneter Schinken, der mithilfe von Meersalz, Gewürzen und Wein in einer neunmonatigen Reifezeit hergestellt wird.

Spargelcremesuppe mit Waldmeister

1 TL Salz		In einem Topf 1 l Wasser zum Kochen bringen, salzen und zunächst nur die Spargelschalen auskochen (ca. 15 Min). Die Schalen mit der Schaumkelle aus dem Sud nehmen (oder Sud abseihen) und dann die Spargelstücke darin kochen (nach ca. 15 Min sind sie gar) – die Spargelköpfe sind schneller gar, also erst etwa 5 Min vor Ende der Kochzeit in den Topf geben. Alles durch ein Sieb abschütten, das Spargelwasser auffangen und die Spargelstücke warm stellen.
1 kg weißer Spargel	in ca. 3 cm große Stücke schneiden, Köpfe separieren, Spargelschalen aufheben	
50 g Butter 50 g Mehl 100 ml kalte Milch		Die Butter in einem Topf erhitzen und das Mehl darin leicht angehen lassen. Mit Milch ablöschen (kalt beugt der Klümpchenbildung vor). Dann mit Spargelwasser aufgießen, alles gut mit dem Schneebesen glatt rühren und die
200 g Sahne		Sahne zugeben. Die Suppe jetzt aufkochen und noch ca. 5 Min leise köcheln lassen. Die Spargelstücke zugeben und kurz mit erhitzen, ebenso
50 ml trockener Weißwein		den Weißwein. Sollte die Suppe Bitternoten haben (kommt bei Spargel vor),
Zucker nach Geschmack		können diese mit 1 Prise Zucker abgefangen werden.
weißer Pfeffer Waldmeister	Blätter fein hacken	Zum Schluss mit Salz und Pfeffer abschmecken sowie mit Waldmeister abrunden.

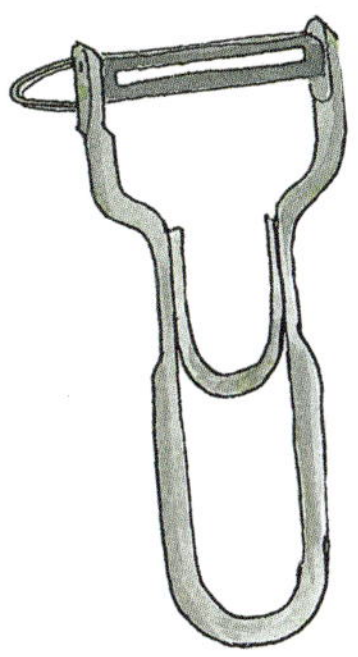

TIPP Klassischerweise wird in Rheinhessen die **Spargelsuppe** aus dem Kochwasser der Spargelzubereitung gemacht, mit ein paar frischen Spargelstücken darin wird daraus schnell eine leckere Suppe.

Aufbewahren: Spargelwasser könnt ihr sehr heiß in Flaschen »für später« abfüllen, gut verschlossen hält es ein halbes Jahr.

Ratz Fatz

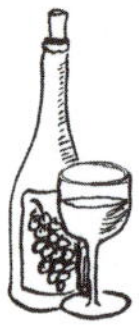

Tagliatelle mit grünem Spargel

400 g Tagliatelle		Die Nudeln nach Packungsanleitung kochen.
2 EL Olivenöl		Öl in einer Pfanne erhitzen und die Spargelstücke zusammen mit dem Knoblauch ca. 5 Min bei mittlerer Hitze braten lassen.
500 g grüner Spargel	die Stangen schräg in ca. 4 cm große Stücke schneiden	
1 Knoblauchzehe	klein hacken	
1 Zitrone	aus der Hälfte den Saft auspressen	Die Zitronensaft in die Spargelpfanne geben. Mit Salz, Pfeffer und Zucker abschmecken.
Salz, Pfeffer		
1 Prise Zucker		
		Die in der Zwischenzeit gegarten Tagliatelle in der Pfanne mit dem Spargel vermischen und anschließend auf Tellern anrichten. Das Basilikum mit dem Hartkäse als Topping auf die Spargelnudeln geben und sofort servieren.
Basilikum	grob hacken	
Hartkäse	hobeln	

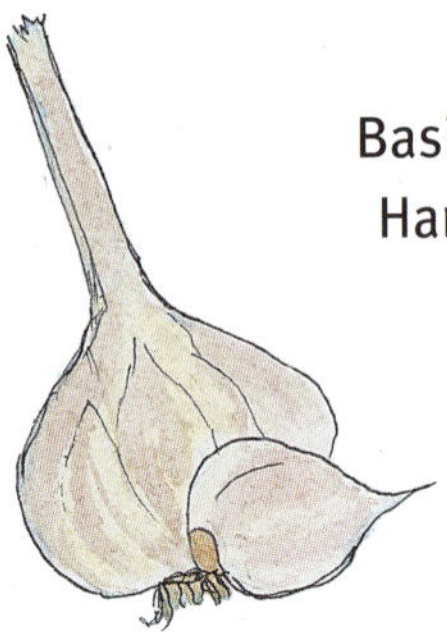

Kerner Kabinett, trocken, oder Silvaner, Sauvignon blanc.

Hauptgericht

Spargel in Weinschaumsoße

1 Prise Salz 1 Prise Zucker 1 kg weißer Spargel	schälen	In das Kochwasser ein wenig Salz und Zucker geben und den Spargel darin in ca. 20 Min bissfest garen. Gut abtropfen lassen und auf einer vorgewärmten Platte anrichten.
Weinschaumsoße:		
3 Eigelb 250 ml trockener, würziger Weißwein 1 Zitrone 1 Prise Salz 1 Prise Zucker	1 EL Saft auspressen	Eigelbe mit Weißwein, Zitronensaft, Salz und Zucker im Wasserbad erhitzen. Dafür in einen großen Topf mit siedendem Wasser einen Schlagkessel oder eine metallene Rührschüssel stellen und die Zutaten durch Schlagen mit einem Schneebesen langsam erwärmen, bis die Masse dickschaumig ist. Nicht zu lange, denn sonst gibt es Rührei.
40 g Butter		Zuletzt die Butter stückchenweise zugeben und weiterrühren. Die Soße gesondert zum Spargel reichen.

Beilagen:
Petersilienkartoffeln,
Schinkenplatte,
alternativ: geräucherte Forellenfilets

TIP **Weißer Spargel** *(Bleichspargel)* wird einzeln von Hand gestochen, bevor die Köpfe aus der Erde kommen. Spargel mit violetten Spitzen hat schon Licht gesehen und schmeckt intensiver. Frische Spargel sind fest, brechen leicht, haben saftige Schnittenden und quietschen, wenn man sie aneinanderreibt. Die Dicke ist eher eine praktische, denn geschmackliche Frage. Nur gleichmäßig dick sollten die Stangen sein. Sie können liegend in einer hohen Pfanne oder stehend in einem schmalen Spargeltopf gekocht werden. Mit zwei Pfannenwendern oder einer Spargelzange werden sie vorsichtig auf vorgewärmte Teller gelegt.

Panna-Cotta-Beeren-Terrine

Vorbereitungszeit: *am Vortag herstellen, braucht kühle Lagerung und Gelierzeit*

Beerengelee:
60 g Zucker
150 ml Weißwein
150 ml Orangensaft
200 g Johannisbeeren
200 g Brombeeren

In einem fettfreien Topf den Zucker sanft karamellisieren, mit dem Weißwein und dem Orangensaft ablöschen. Die Hälfte der Johannis- und Brombeeren zugeben und 10 Min bei mittlerer Hitze köcheln lassen. Alles durch ein feines Sieb streichen, z.B. mithilfe einer Suppenkelle.
Den aufgefangenen Saft auf 250 ml einkochen lassen.

4 Blatt weiße Gelatine – 10 Min einweichen, ggf. halbieren

Vom Herd nehmen und, wenn der Saft nicht mehr zu heiß ist, die ausgedrückte Gelatine darin auflösen.

Eine Terrine oder kleine Kastenform (20 cm) mit Frischhaltefolie auslegen

100 g kleine Erdbeeren
150 g Himbeeren

und die restlichen Beeren zusammen mit den Erd- und Himbeeren sowie dem Saft hineingeben.

4 Std kalt stellen.

Panna Cotta:		
1 Vanilleschote	das Mark herauskratzen	Die Vanilleschote mit dem Mark, dem Zucker und der Sahne in einem Topf aufkochen und bei geringer Hitze ca. 5 Min einkochen lassen.
40 g Zucker		
450 g Sahne		Dann durch ein feines Sieb in eine Schüssel füllen und die ausgedrückte
6 Blatt weiße Gelatine	10 Min einweichen	Gelatine mit einem Schneebesen darin verrühren. 30 Min kalt stellen und dann über das Beerengelee in die Terrine bzw. Kastenform gießen.

Zum Anrichten:	Nach ca. 5 Std ist der Terrineninhalt geliert. Nun kann die Terrine auf eine Platte gestürzt und die Folie entfernt werden. Mit einem scharfen Messer in Scheiben schneiden und mit ein paar frischen Beeren dekoriert eiskalt servieren.
4 kleine Erdbeeren	
4 Himbeeren	
4 Brombeeren	

TIPP **Ausgekratzte Vanilleschoten** könnt ihr weiterverwenden: Wir sammeln die Schoten in einem geschlossenen Einmachglas und füllen es mit Zucker auf. Die Schoten geben fast ewig ihr Aroma an den Zucker ab und wir haben so stets einen tollen feinen Vanillezucker zur Hand. Wenn einer Zucker entnimmt, wird das Glas immer gleich wieder aufgefüllt.

Weinvesper 

Sommer Spundekäs'

1 rote Paprikaschote	fein würfeln	Das gewürfelte und gehackte Gemüse (je feiner desto besser) mit Schmand und Frischkäse vermischen.
1 mittelgroße Zwiebel	sehr klein hacken	
2 – 3 Knoblauchzehen	fein hacken	
200 g Schmand		
200 g Frischkäse		
2 – 3 TL Paprikapulver (nach Geschmack rosenscharf oder edelsüß)		Paprikapulver und Tomatenmark zugeben, salzen, pfeffern und alles gründlich durchrühren.
1 TL Tomatenmark		
Salz, Pfeffer		Am besten über Nacht gut durchziehen lassen und vor dem Genuss noch mal kräftig durchrühren.

Anrichten: Zum Spundekäs' passen frisches Baguette, salzige Cracker, Käsegebäck oder frische Brezel. Außerdem rohes Gemüse in Streifen oder Sticks geschnitten zum Dippen, wie z.B. bunte Paprikaschoten, Karotten oder Stangensellerie (Bleichsellerie).

Kerner, Silvaner oder ein gekühlter Rosé, gern trocken, auch gespritzt.

Weingetränk 

Rhabarber-Wein-Schorle

1 Flasche Roséwein oder Weißherbst		Wein- oder Limonadengläser je zur Hälfte mit Wein und Saft füllen. Eiswürfel hineingeben und mit Mineralwasser auffüllen.
1 Flasche Rhabarbersaft		
Eiswürfel		
Mineralwasser		
Deko fürs Glas:		
8 – 10 gefrorene Erdbeeren	halbieren	Jedes Glas mit 1 Erdbeerhälfte, Limettenscheibe und Minzblättern dekorieren.
1 – 2 Limetten	in dünne Scheiben	
frische Minze	schneiden	

TIP: Das Rezept lässt Spielraum für die Frucht-Wein-Mischung und die Menge an Mineralwasser.

Hiwwel Charlotte

Bisquitteig: 5 Eier • 100 g Zucker • 100 g Mehl • 1 Tl. Backpulver.
Eier trennen, die Dotter mit dem Zucker schaumig schlagen. Mehl mit Backpulver über die Eier-Zucker-Mischung sieben und unterheben.

Die Rolle: Eiweiß steif schlagen und unterheben:
Auf einem Backblech (mit Backpapier) den Teig verteilen u. im vorgeheizten Backofen bei 160°C (Ober-/Unterhitze) ca. 15 min backen. Auf ein mit Zucker bestreutes Küchentuch stürzen, Aprikosenmarmelade auftragen und aufrollen. Abkühlen.

Der Boden: 3 Eier, je 100 g Zucker u. Mehl, 1 Tl Backpulver, 1 El Kakao.
In einer Springform (24 cm Ø) bei 160°C 15 min backen.

Die Creme: 5 Orangen (Saft davon) - od. 200 ml Orangensaft • 200 ml Weißwein • 100 g Zucker • 30 g Speisestärke • 1 P. gemahlene Gelatine • 400 g Schlagsahne
Aus Orangensaft, Zucker, Wein u. Stärke eine Creme kochen. Die gequollene Gelatine in die warme Masse einrühren u. abkühlen lassen. Die Sahne schlagen und unterheben.

Die Bisquitrolle in 1 cm dicke Scheiben schneiden u. in einer Schüssel inwändig anordnen. Die Creme einfüllen u. alles mit dem Schokoboden „verschließen". Die Torte gut vier Stunden durchkühlen. Auf eine Kuchenplatte stürzen und großzügig mit erwärmter Aprikosenmarmelade glasieren. Schmeckt auch eisgekühlt.

NSR.

Juli

Gemüse

Artischocke ✿ Aubergine
Blumenkohl ✿ Brokkoli ✿ Champignons
Dicke Bohnen (Saubohnen) ✿ Erbsen
Fenchel ✿ Frühlingszwiebeln ✿ Gurken
Karotten ✿ Kartoffeln ✿ Knoblauch ✿ Kohlrabi ✿ Lauch ✿ Mangold ✿ Paprika
Radieschen ✿ Rettich ✿ Rote Bete ✿ Rotkohl
Rucola ✿ Schalotten ✿ Stangensellerie
Spinat ✿ Tomaten ✿ Topinambur ✿ Wirsing
Zucchini ✿ Zuckerschoten ✿ Zwiebeln

Obst

Aprikosen ✿ Brombeeren
Erdbeeren ✿ Feigen ✿ Heidelbeeren
Himbeeren ✿ Johannisbeeren
Jostabeeren ✿ Kirschen ✿ Mirabellen
Pflaumen ✿ Renekloden
Stachelbeeren ✿ Zwetschgen

Kräuter

Ampfer ✿ Basilikum ✿ Beifuß ✿ Borretsch
Currykraut ✿ Dill ✿ Estragon ✿ Gartenkresse
Kapuzinerkresse ✿ Kerbel ✿ Koriander
Kümmel ✿ Lavendel ✿ Liebstöckel ✿ Lorbeer
Majoran ✿ Melisse ✿ Minze ✿ Petersilie
Pimpinelle ✿ Ringelblume ✿ Rosmarin
Salbei ✿ Schnittlauch ✿ Taglilie ✿ Thymian
Weinraute ✿ Wermut ✿ Ysop

Wildkräuter

Brennnessel ✿ Brunnenkresse ✿ Dost (Oregano) ✿ Eisenkraut ✿ Gänseblümchen
Guter Heinrich ✿ Kornblume ✿ Sauerampfer
Sauerklee ✿ Schafgarbe ✿ Vogelmiere

Chardonnay

Aroma:
nussige und buttrige Aromen, Vanille, feine Mandeltöne, exotische Früchte, reife Stachelbeeren, Blumen, Honig

Körper/Gehalt:
mittel bis voll, frisch, fruchtig, mittlere Säure, alkoholstark

Farbe:
hell bis honiggelb

Speisen:
Kurzgebratenes von Lamm und Schwein, Fisch, Meeresfrüchte, Nudelgerichte mit hellen Soßen oder fruchtiger Tomatensoße, zu Quiche und Pilzgerichten

Käse:
Ziegen- und Schafskäse, Brie, junger Gouda, Edamer

Trinktemperatur:
7 – 9 °C

Besonderheiten:
Die Rebsorte ist Bestandteil von Champagner. Es gibt sie in allen Qualitäts- und Preisstufen, oft mit hohem Alkoholgehalt.

Shiraz

Aroma:
würzige Noten, Kirschen, Johannisbeeren, Anklang von Pfeffer (bei älteren Weinen)

Körper/Gehalt:
tanninreich, elegant-würzig, schwer, vollmundig

Farbe:
dunkelrot

Speisen:
Gulasch, Steaks, Lammbraten, kräftig gewürzte Aufläufe, Wildgerichte aller Art

Käse:
cremige Weichkäsesorten mit Weißschimmel, alter Gouda

Trinktemperatur:
16 – 18 °C

Besonderheiten:
Ein Neubürger in Rheinhessen mit Potenzial. Die kräftigen Tannine eignen sich gut für lange Lagerung, was die Qualität noch steigert.

Vorspeise

Curry-Blumenkohl

Blumenkohl:		
50 ml Bratöl		Den Backofen auf 180° vorheizen.
1 TL Currypulver		Aus dem Bratöl, dem Curry, Salz und den Zitronenzesten eine Marinade rühren und mit den Blumenkohlröschen mischen, diese dann auf einem Backblech verteilen und ca. 15 – 20 Min im Ofen backen, je nach Größe der Blumenkohlröschen und gewünschter Bissfestigkeit.
1 TL Salz		
1 Zitrone	von der Schale dünne Streifen schneiden, Saft auspressen	
1 Blumenkohl	in kleine Röschen schneiden	
250 g Naturjoghurt		Den Joghurt mit 2 EL Zitronensaft, Salz, Pfeffer verrühren, zuletzt die Minze einrühren.
Salz, Pfeffer		
5 Stiele Minze	Blätter fein hacken	
Graupensalat:		
6 – 7 EL Olivenöl		1 EL Olivenöl in einem Topf erhitzen und die Schalotten darin glasig andünsten.
2 Schalotten	in feine Ringe schneiden	
400 ml Gemüsebrühe, ggf. etwas mehr		Mit der Gemüsebrühe ablöschen und diese zum Kochen bringen.
150 g Perlgraupen		Die Graupen in die kochende Flüssigkeit geben, den Deckel auf den Topf legen und alles bei mittlerer Hitze köcheln lassen, bis die Graupen die Flüssigkeit vollständig aufgesogen haben und weich sind, bei Bedarf noch etwas Brühe zugeben. Zwischenzeitlich regelmäßig umrühren.
1 gelbe Paprika	in Streifen schneiden	In einer Pfanne das übrige Öl erhitzen und die Gemüsestreifen darin kurz bei hoher Temperatur anbraten.
1 kleine Zucchini	längs in Scheiben, dann in Streifen schneiden	

Vorspeise

4 EL heller Balsamico-Essig 4 EL Olivenöl 1 EL mittelscharfer Senf 1 EL Honig (klar) Salz, bunter Pfeffer	 aus der Mühle	Für das Dressing den Essig mit dem Öl und Senf verrühren, den Honig zugeben und mit Salz und Pfeffer abschmecken.
250 g Rucola 20 Cocktailtomaten	 halbieren	In einer großen Schüssel die Graupen mit dem Pfannengemüse mischen. Zum Servieren den Rucola auf Teller verteilen, den Graupensalat daraufgeben und die Blumenkohlröschen mit dem Minzjoghurt und den Tomatenhälften anrichten.

TIPP An heißen Sommertagen ist das Gericht ein leichter Hauptgang.

Chardonnay, halbtrocken,
oder Riesling, halbtrocken.

Suppe Beschwipste Gurkenkaltschale

6 Salatgurken 1 Selleriestange 1 grüner Apfel Salz, Pfeffer 200 ml Silvaner oder Secco	in große Stücke schneiden in Stücke schneiden vierteln, entkernen gut gekühlt	Die ungeschälten Gurken (samt der Kerne, die Suppe braucht die Flüssigkeit), den Sellerie und den Apfel nach und nach zusammen im Mixer pürieren und durch ein Sieb passieren. Mit Salz und Pfeffer abschmecken und mit Wein oder Secco aufgießen.
250 g Naturjoghurt 2 Stiele Dill	 abzupfen, hacken	Zum Anrichten Joghurt mit Dill verrühren und mit einem Teelöffel 1 Klecks davon auf die Kaltschale setzen. Gut gekühlt servieren.

Hauptgericht

Gemüseragout mit Knödelchen

Knödelchen:

600 g mehligkochende Kartoffeln	mit Schale in Salzwasser gar kochen
1 mittelgroßes Ei	
1 Prise Salz	
1 Bund glatte Petersilie	Blätter sehr fein hacken, 50 g zurückbehalten
200 g Weizenmehl	

Die gegarten Kartoffeln mit der Schale auf einem Backblech im Ofen bei 100° (Umluft) 20 Min »trocknen« lassen. Anschließend die noch heißen Kartoffeln pellen und sofort durch eine Kartoffelpresse drücken oder durch ein feines Sieb streichen.

In die Kartoffelmasse das Ei, Salz und die Petersilie geben und dann 150 g Mehl darübersieben. Alles zügig miteinander verkneten. Sollte der Teig zu klebrig sein (von den Kartoffeln abhängig), den Rest des Mehles verwenden.

Den Teig auf einer bemehlten Arbeitsfläche zu Rollen von ca. 2 cm Durchmesser formen und davon ebenso breite Stücke abschneiden. Mit einer Gabel die Schnittkanten leicht eindrücken, die Rillen nehmen später die Soße besser auf.

Die Knödelchen in viel kochendes Salzwasser geben – möglichst portionsweise, damit sie Platz zum Schwimmen haben – und jeweils einmal kurz aufwallen lassen. Die Hitze reduzieren, warten, bis die Knödelchen aufsteigen, dann noch 2 – 3 Min ziehen lassen. Mit der Schaumkelle aus dem Kochwasser heben und warm stellen. Mit der nächsten Portion ebenso verfahren.

Hauptgericht

Gemüseragout:		
60 g Butter 20 g Mehl 500 ml Gemüsefond 150 ml Weißwein		In einem Topf 30 g Butter heiß werden lassen, das Mehl darin kurz anschwitzen, dann mit Gemüsefond und Weißwein ablöschen, mit dem Schneebesen gut verrühren.
200 g Sahne Salz, weißer Pfeffer 1 Msp. Muskat		Die Sahne zugeben und alles mit Salz, Pfeffer und Muskat abschmecken.
		Während die Soße weiterköchelt, kommt nacheinander das Gemüse hinzu. Zuerst die Bundmöhren, sie brauchen ca. 20 Min.
300 g Bundmöhren	ggf. längs halbieren	
150 g rote Paprika	in 2 – 3 cm große Stücke schneiden	10 Min später die Paprika, die Champignons und der Brokkoli und schließlich noch 5 Min für die Zuckerschoten.
100 g kleine braune Champignons	ggf. halbieren	
150 g Brokkoli	in Röschen teilen, Strunk schälen und würfeln	
100 g Zuckerschoten	schräg halbieren	
		Die Knödelchen – eine rheinhessische Gnocchi-Variante – in einer Pfanne mit der restlichen Butter goldbraun braten. Auf Tellern mit dem Gemüse anrichten.

TIPP

Karotte, Möhre oder Rübe? Die Bezeichnung für *Daucus carota* (lat.) ist landschaftlich verschieden, aber das Wurzelgemüse ist dasselbe. In Süddeutschland werden junge Rüben Karotte genannt, Gelbe Rüben dagegen sind die »normalen« Möhren. **Bundmöhren** sind lange schlanke Möhren, die mit Blattwerk verkauft werden, das gut zu Pesto verarbeitet werden kann. In Rheinhessen sagt man Karotte oder Bundmöhre.

Ratz Fatz  Selztaler Nudelsalat

2 saure Gewürzgurken 2 Frühlingszwiebeln	fein würfeln samt dem Grün in feine Ringe schneiden	Die Gewürzgurken mit 5 EL Gurkenwasser aus dem Glas und den Frühlingszwiebeln vermengen.
200 g Fleischwurst (ca. halber Ring)	längs halbieren, Pelle abziehen und in dünne Scheiben schneiden	Fleischwurst und Gurken-Zwiebel-Mischung in einer großen Salatschüssel mischen und ziehen lassen.
300 g bunte Spiralnudeln 2 Karotten 150 g Erbsen 250 g Zuckerschoten	 fein würfeln in feine Streifen schneiden	In 1 l Salzwasser die Nudeln nach Packungsanleitung kochen. Bevor sie »al dente« sind (nach der Hälfte der Kochzeit), die Karotten im Nudelwasser 4 Min, die Erbsen und die Zuckerschoten noch 2 Min mitkochen. Alles durch ein Sieb abschütten und kalt abbrausen.
Mayonnaise: 1 Ei 1 gehäufter TL Dijon-Senf einige Spritzer Weinessig 2 Prisen Paprikapulver, rosenscharf 1 Prise Currypulver Salz, schwarzer Pfeffer 200 ml neutrales Öl (z.B. Raps-, Sonnenblumen- oder Färberdistelöl)		Aus dem Ei, dem Senf, dem Weinessig, den Gewürzen und dem Öl eine feste Mayonnaise herstellen. Im Mixbecher mit dem Pürierstab eine sichere Sache.
2 frische Aprikosen oder 1 Apfel	klein würfeln	Die Nudel-Gemüse-Mischung in die Salatschüssel zur marinierten Wurst geben, die Mayonnaise und die Aprikosenwürfel zufügen und gut durchmischen.
Topping: 4 Eier Gartenkräuter (z.B. Sauerampfer, Pimpinelle, Schnittlauch)	 hart kochen hacken	Auf Tellern anrichten, mit geviertelten Eiern belegen und frischen Kräutern bestreuen. Dazu passt ein dunkles Bauernbrot.

Rosé, trocken, eiskalt als Schorle,
Chardonnay, trocken.

Nachtisch 

Kirschkompott mit Zitronencreme

	Vorbereitungszeit:	*4 Stunden Kühlzeit*
Kirschkompott:		
125 g Zucker		In einem Topf den Zucker langsam erhitzen, bis er flüssig wird und leicht
350 ml Rotwein		Farbe annimmt. Mit Rotwein ablöschen und den Zucker damit loskochen.
1 kg Süßkirschen	entsteinen	Die Kirschen zugeben und alles nochmals aufkochen. Die Speisestärke in
2 EL Speisestärke	mit etwas kaltem Wasser anrühren	das kochende Kompott einrühren und 1 Min kochen lassen. Abkühlen lassen.
Zitronen-Quark-Creme:		
40 g Zucker		Zucker und Eigelbe mit dem Zitronenabrieb und -saft in einer Schüssel
2 Eigelb (mittelgroß)		
1 Zitrone	Schale dünn abreiben, 1 EL Saft auspressen	ca. 6 Min cremig aufschlagen.
2 Blatt weiße Gelatine	10 Min einweichen	Die tropfnasse Gelatine im kleinen Topf bei geringer Hitze vorsichtig auflösen und in die Eimasse rühren.
250 g Sahnequark (40 % Fett)		Den Quark unterheben und ca. 20 Min kalt stellen. Wenn die Masse anfängt
150 g Sahne	steif schlagen	zu gelieren, die Schlagsahne vorsichtig unter die Quarkmasse heben. Die Creme sollte 4 Std im Kühlschrank gut durchkühlen.
Zum Anrichten:		
8 Kirschen		Das Kirschkompott als Spiegel auf
Butterkekse, Cookies oder kleine Baisers	zerbröseln	flache Teller oder Schalen geben, von der Zitronen-Quark-Creme mit dem Löffel Nocken formen und auf das Kompott setzen. Je 2 Kirschen als Deko. Alternativ kann die Creme vor der Kühlung abwechselnd mit dem Kompott in ein Glas geschichtet werden. Für den »Crunch« obendrauf knusprige Kekse oder Baisers verwenden.

Weinvesper

Tomaten mit Bohnenpüree

	Zubereitungszeit:	*am Vortag*
150 g weiße Bohnen	über Nacht in reichlich Wasser einweichen	Die Bohnen mit ½ l Wasser aufkochen und dann ca. 1,5 Std zugedeckt bei geringer Hitze weich garen. Bohnen abgießen und pürieren.
60 g Butter 2 Knoblauchzehen 40 g Salbei	 zerdrücken bis auf 20 kleine Blätter hacken	In einer kleinen Pfanne Butter erhitzen, Knoblauch und Salbei bei schwacher Hitze anbraten, bis der Salbei duftet.
Salz, Pfeffer etwas Zitronensaft		Die Salbeibutter unter das Bohnenpüree mischen, mit Salz, Pfeffer und Zitronensaft abschmecken und erkalten lassen.
10 mittelgroße reife Tomaten	halbieren	Die Tomaten mit einem Löffel oder Kugelausstecher aushöhlen.
20 Salbeiblättchen		Die Bohnenmasse mittels Spritzbeutel in die Tomatenhälften füllen und mit je einem Salbeiblatt garnieren.

Shiraz, trocken,
Chardonnay.

Weingetränk

Rosenbowle

	Zubereitungszeit:	*2 Stunden*
2 Handvoll Rosenblütenblätter 150 g Zucker	stark duftende, ungespritzte wählen	Rosenblütenblätter in eine große Schüssel geben und mit dem Zucker bestreuen.
50 ml Himbeersirup 100 ml feiner Weinbrand oder Rosenlikör		Den Himbeersirup und den Weinbrand oder Rosenlikör zugeben, min. 1 Std ziehen lassen.
2 Flaschen kalter, trockener Weißwein oder Rosé 50 ml Rosenwasser 2 Flaschen kalter Secco oder trockener Sekt (gern rosé)		Dann den Wein zugießen und nochmals 1 Std kalt stellen. Die Mischung abseihen und das Rosenwasser zugeben. Alles in ein Bowlegefäß füllen und mit Secco oder Sekt aufgießen.

Weißweintörtchen mit Rosencreme

250g Mehl
120g dunkle Schokolade
100g Zucker
100g Naturjoghurt
100g saure Sahne
200ml Weißwein
2 Tl Backpulver
1 Tl Natron
1 Ei

In einer Schüssel das Mehl, die geraspelte Schoko, Backpulver u. Natron mischen. Das Ei, Zucker, Wein, Joghurt u. saure Sahne schaumig schlagen. Das Mehlgemisch unterheben. In Muffinförmchen füllen.

Den Teig im vorgeheizten Ofen bei 160°C für ca. 20min backen. Gut abkühlen lassen.

Die Rosencreme

200ml kalte Schlagsahne mit 400g Mascarpone und 6 El Rosensirup, glatt rühren. Creme in Spritzbeutel (Zackentülle) geben u. auf die Törtchen spritzen. Deko: Rosenblütenblätter od. frische Himbeeren.

NSR.

Rosenblütensirup:

200g Rosenblüten in 200ml Wasser kurz aufkochen, 24h ziehen lassen. Mit 250g Zucker 10 min einkochen, dazu 50ml Rosenwasser + 1 Pr. Zitronensäure.

August

Gemüse

Aubergine ✿ Blumenkohl ✿ Brokkoli ✿ Butterrüben ✿ Champignons ✿ Chinakohl ✿ Erbsen ✿ Fenchel ✿ Frühlingszwiebeln ✿ grüne Bohnen ✿ Gurken ✿ Karotten ✿ Kartoffeln ✿ Knoblauch ✿ Kohlrabi ✿ Kürbis ✿ Lauch ✿ Mais ✿ Mangold ✿ Paprika ✿ Pfifferlinge ✿ Radieschen ✿ Rettich ✿ Rote Bete ✿ Rotkohl ✿ Rucola ✿ Schalotten ✿ Stangensellerie ✿ Tomaten ✿ Topinambur ✿ Wirsing ✿ Zucchini ✿ Zuckerschoten ✿ Zwiebeln

Obst

Äpfel ✿ Aprikosen ✿ Birnen ✿ Brombeeren ✿ Feigen ✿ Heidelbeeren ✿ Himbeeren ✿ Holunderbeeren ✿ Johannisbeeren ✿ Jostabeeren ✿ Kirschen ✿ Mandeln ✿ Melonen ✿ Mirabellen ✿ Pflaumen ✿ Renekloden ✿ Stachelbeeren ✿ Zwetschgen

Kräuter

Basilikum ✿ Beifuß ✿ Borretsch ✿ Currykraut ✿ Dill ✿ Estragon ✿ Gartenkresse ✿ Kapuzinerkresse ✿ Kerbel ✿ Koriander ✿ Kümmel ✿ Lavendel ✿ Liebstöckel ✿ Majoran ✿ Melisse ✿ Minze ✿ Pelargonien ✿ Petersilie ✿ Pimpinelle ✿ Ringelblume ✿ Rosmarin ✿ Salbei ✿ Schnittlauch ✿ Thymian ✿ Weinraute ✿ Wermut ✿ Ysop

Wildkräuter

Brennnessel ✿ Brunnenkresse ✿ Dost (Oregano) ✿ Eisenkraut ✿ Giersch ✿ Kornblume ✿ Sauerklee ✿ Schafgarbe ✿ Vogelmiere ✿ Wacholder

Silvaner

Aroma:
Äpfel, Mandeln, Heu, Gras, Pfirsich, erdig

Körper/Gehalt:
leicht bis voll, erfrischend, wenig Säure

Farbe:
hellgelb bis intensiv gelb

Speisen:
helles Fleisch, Kalb, Leber, Fleischpastete, Geflügel in heller Soße, Fisch, Fischterrinen oder Fischmousse, Süßwasserfische, Spargel, Blattsalate, Pilzgerichte

Käse:
Frischkäse, Spundekäs', Gouda, Edamer, Weißschimmelkäse

Trinktemperatur:
7 – 9 °C

Besonderheiten:
Rheinhessens Liebling. Seine Aromen sind stark abhängig vom Boden *(Terroir)*. Perfekter Partner zu Speisen, hat viel verschiedene Spielarten und wird oft zu Winzersekt verarbeitet.

Saint Laurent

Aroma:
Holunderbeeren, Wildkirschen, Bitterschokolade

Körper/Gehalt:
besonders aromatisch, kräftig und trotzdem fruchtig, samtige Tannine, nachhaltig am Gaumen

Farbe:
tiefrot bis violett

Speisen:
leicht bis mild gewürzte Grillgerichte (auch mit Gemüse), Wild, Schinken, Lamm, Desserts mit dunkler Schokolade

Käse:
kräftig-würziger Käse wie Rot- und Blauschimmelkäse, Weinkäse, Munster, ausgereifter Käse

Trinktemperatur:
16 – 18 °C

Besonderheiten:
Anspruchsvolle Rebsorte, »Sonntagswein« mit einzigartigem Geschmack, Ausbau im Holzfass. Hohe Qualität.

Vorspeise

Tomaten voll Rieslingkraut

3 EL Öl 400 g Hackfleisch (halb Rind/halb Schwein) 1 EL Tomatenmark Salz, Pfeffer		Öl in einer Pfanne erhitzen und das Hackfleisch darin anbraten, das Tomatenmark zufügen und kräftig mit Salz und Pfeffer würzen.
500 g Sauerkraut	zerpflücken, klein schneiden	Sauerkraut, Champignons, Schalotten und Knoblauch zum Fleisch geben, andünsten und dann mit Wein ablöschen. Zugedeckt ca. 15 Min garen.
150 g Champignons	halbieren	
2 Schalotten	würfeln	
1 Knoblauchzehe	hacken	
250 ml Riesling		
1 Prise Zucker		Das Rieslingkraut mit Zucker abschmecken und in die Tomaten füllen.
4 Fleischtomaten	häuten, aushöhlen, entkernen	
1 El Öl		Die Tomaten in eine geölte Auflaufform stellen und im auf 160° (Umluft) vorgeheizten Backofen 10 Min erwärmen.
½ Bund Petersilie (2 EL voll)	fein hacken	Mit Petersilie bestreut servieren.

Vegetarische Variante:
Statt Hackfleisch könnt ihr Erbsen- oder Sojahack verwenden.

Rotwein-Tomaten-Suppe

8 EL Olivenöl		Olivenöl in einem Topf erhitzen,
4 Zweige Rosmarin	Nadeln abstreifen, fein hacken	den Rosmarin, Knoblauch und Honig 2 Min darin anschwitzen.
7 Knoblauchzehen	in Scheiben schneiden	
4 EL Honig		
500 ml Rotwein		Mit Wein ablöschen und um die Hälfte reduzieren.
1,2 kg Tomaten	grob würfeln	Die Tomaten zum Wein in den Topf geben. Mit so viel Wasser aufgießen, dass die Tomaten leicht bedeckt sind, und dann mit Deckel 15 Min köcheln
Salz, Pfeffer		lassen, gegen Ende mit Salz und Pfeffer abschmecken. Die Suppe mit dem Pürierstab pürieren oder – wer es fein mag – durch ein Sieb
5 – 6 Stängel Basilikum	Blätter grob schneiden	passieren. Basilikum über die Suppe streuen.

Dazu passt frisches Weißbrot.

Ratz Fatz

Traminer-Zucchini-Ragout mit Farfalle

400 g bunte Farfalle		Die Nudeln nach Packungsanleitung kochen.
Olivenöl oder neutrales Bratöl		Das Öl in einer großen Pfanne oder einem Schmortopf erhitzen.
400 g Rinderhackfleisch		Das Hackfleisch zusammen mit den Zwiebelwürfeln, den Zucchinistücken und den Karottenscheibchen anbraten.
1 große Zwiebel	würfeln	
600 g Zucchini	entkernen, 1 cm groß würfeln	
1 Karotte	halbieren, in dünne Scheiben schneiden	
1 TL Tomatenmark		Das Tomatenmark zugeben und kurz mit anrösten, dann auch den Senf und das Traubengelee zufügen.
1 TL Dijonsenf		
4 TL Traubengelee		
250 ml Gewürztraminer		Mit dem Wein ablöschen und gleich die Sahne angießen, das Lorbeerblatt, Chilipulver, Salz und Pfeffer zufügen. Alles bei offenem Deckel etwas einkochen lassen.
200 g Sahne		
1 Lorbeerblatt		
mildes Chilipulver	nach Geschmack	
Salz, Pfeffer		
		Die Farfalle in einer Schüssel mit dem Ragout mischen und servieren.

TIPP Das Ragout schmeckt gut auf Röstbrot zum Wein, picknicktauglich ist es damit auch.

Hauptgericht  Forelle in Weißwein

1 Zitrone	Schale zur Hälfte dünn abreiben, Saft auspressen	Zitronenabrieb und -saft mit Salz und Pfeffer mischen und die Fische damit außen und innen einreiben.
2 TL Salz ½ TL schwarzer Pfeffer		
4 Forellen à 300 g 4 Zweige Rosmarin 4 Zweige Thymian 4 Stiele Majoran		Die Bäuche der Forellen mit jeweils 1 Zweig Rosmarin, Thymian und Majoran füllen.
4 EL Olivenöl		In einer großen Pfanne das Olivenöl erhitzen und die Fische auf beiden Seiten 2 Min darin anbraten, zusammen mit dem Knoblauch und dem Gemüse.
2 – 3 Knoblauchzehen	klein hacken	
1 Karotte	klein würfeln	
1 Selleriestange	in feine Würfel schneiden	
1 Flasche trockener Weißwein		Dann den Wein angießen. Wer keine so große Pfanne besitzt, kann mit zwei Pfannen gleichzeitig arbeiten, dafür die Zutaten entsprechend verteilen. Die Fische in dem Sud bei mittlerer Hitze ohne Deckel ca. 20 Min garen, dabei einmal wenden.
		Die Forellen auf angewärmten Tellern anrichten, den eingekochten Sud abschmecken und zum Fisch servieren.

Dazu passt ein trockener Silvaner.

Beilagen:
Neue Kartoffeln in etwas Butter geschwenkt oder Salzkartoffeln, jeweils mit Petersilie bestreuen. Ein frisches Baguette passt ebenfalls.

Nachtisch

Weinbergpfirsich aus dem Eis

Für 12 Portionen

Vorbereitungszeit: *2 Stunden zum Kühlen*

2 Eigelb 1 Vanilleschote 1 ½ EL Zucker	 Mark heraus- kratzen	Die Eigelbe mit dem Vanillemark und dem Zucker im heißen Wasserbad im Schlagkessel oder einer Metallschüssel aufschlagen, bis es schön schaumig-cremig wird. Den Schlagkessel aus der Hitze nehmen und weiterschlagen, bis die Masse erkaltet ist.
250 g Weinbergpfirsiche 1 Spritzer Pfirsichlikör	entkernen, Haut abziehen, pürieren	Das Pfirsichpüree in die Creme rühren, etwas Pfirsichlikör gibt noch einen kleinen Kick.
250 g Sahne 2 Eiweiß	steif schlagen steif schlagen	Dann die Sahne und den Eischnee unterheben. Die Creme jetzt in kleine Gläser oder Schalen füllen, die dem Tiefkühler standhalten (schön sind Bowletassen oder kleine Weckgläser), und ab in den Froster für min. 2 Std.
2 Pfirsiche	in Spalten schneiden	Zum Anrichten könnt ihr mit Pfirsichspalten dekorieren.

Silvaner-Secco oder Rosé, halbtrocken bis lieblich.

TIPP Das Rezept funktioniert auch sehr gut mit anderen Früchten, wie z.B. Beeren, Aprikosen oder Pflaumen. Es hat wenig Zucker, aber durch die verwendeten Früchte viel Eigengeschmack und ist sehr erfrischend.

Weinvesper – Rotweinfeigen mit Käse

Für 8 Portionen

		Den Backofen auf 200° vorheizen.
8 große frische Feigen	Stielansatz abschneiden	Die vorbereiteten Feigen mit einem scharfen Messer von oben kreuzweise einschneiden. Das Fruchtfleisch etwas nach außen ziehen, damit ein »Blütenkelch« entsteht.
100 g Blauschimmelkäse 60 g Frischkäse 1 EL flüssiger Honig 5 EL Rotwein Salz, Pfeffer	mit der Gabel zerdrücken	Den Blauschimmel- und Frischkäse mit Honig und 1 EL Rotwein gut vermischen, mit Salz und Pfeffer abschmecken und damit die »Feigenblüten« füllen.
		Die Feigen in eine feuerfeste Form setzen, mit dem restlichen Rotwein angießen und 15 – 20 Min im Ofen backen, bis die Käsefüllung schmilzt.
40 g Butter oder etwas Öl Weißbrot oder Baguette	in Scheiben schneiden	Dazu gebuttertes Röstbrot oder geröstetes Baguette reichen.

TIPP Wenn ihr keinen Blauschimmelkäse mögt, dann könnt ihr einen würzigen Ziegenkäse (Rolle) verwenden.

Halbtrockener Silvaner oder Chardonnay, gut gekühlt.

Weingetränk 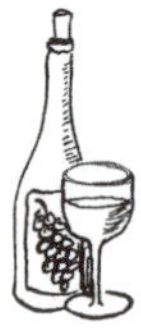 Kalte Ente

1,5 l Weißwein		In 1 Schuss Wein den Zucker in einem kleinen Topf kurz erhitzen, bis sich der Zucker gelöst hat.
40 g Zucker	Menge ist variabel, je nach Wein- oder Secco-Auswahl	
4 – 5 Zitronen	3 – 4 mit einem Sparschäler spiralförmig abschälen (nur das Gelbe), dann auspressen, 1 in dünne Scheiben schneiden	Für den Ansatz den »Weinzucker« mit Zitronenschalen und -saft sowie dem restlichen Wein in eine Glaskaraffe oder Schüssel füllen. Kalt stellen und min. 30 Min ziehen lassen.
1 l Secco oder trockener Sekt		Anschließend aus dem Ansatz die Zitronenschalen herausfischen und die Flüssigkeit in ein größeres Bowlegefäß oder direkt in Gläser füllen. Mit Secco oder Sekt aufgießen.
15 Blätter junge Zitronenmelisse		Hübsch anzusehen ist die Kalte Ente mit Zitronenmelisse und dünnen Zitronenscheiben, die auch noch mal etwas Geschmack abgeben. Der Name »Kalte Ente« ist eine Verballhornung von »kaltem Ende« als Dinner-Abschluss statt eines heißen Mokkas.

TIPP

Wenn ihr frische **Pfirsiche** habt, empfehlen wir euch diese Erfrischung: 2 reife Pfirsiche kurz mit kochendem Wasser übergießen und die Haut abziehen. Das Fruchtfleisch vom Kern lösen und grob würfeln. Mit 1 EL Zitronensaft und 2 EL Puderzucker pürieren. Das Fruchtmus in einen Eiswürfelbehälter füllen und über Nacht einfrieren. **Eiswürfel** mit Geschmack!

Himmel & Erde Torte

Weincreme · Bisquit

125g Butter · 80g Zucker · 1 Zitrone (Abrieb) · 3 Eigelb · 5 Eiweiß · 1 Pr. Salz · 120g Zucker · 230g Mehl

400ml Weißwein · 40g Speisestärke · 2 Eigelb · 250g Butter

Die Böden:

Butter, Zucker u. Eigelbe schaumig schlagen. Eiweiß mit Salz u. Zucker sehr steif schlagen und unter die Buttermasse heben, mit einem Spatel oder Kochlöffel. Aus der Masse fünf gleiche Böden mit 26 cm Ø backen, bei 180°C je etwa 8-10 Minuten.

Die Creme:

Aus Wein, Speisestärke und Eigelb eine Creme kochen (wie Pudding) und auskühlen lassen. Die Butter gut schaumig schlagen und löffelweise die Creme unterschlagen. Die Böden mit der Creme zusammensetzen. Die letzte Schicht sollte Creme sein.

On Top

100g dunkle Kuvertüre mit 20g Butter schmelzen u. gut durchrühren (nicht über 35°C!). Die Schoko oben auf der Torte verteilen. Den Rand mit der restl. Creme bestreichen und mit 100g gehobelten Mandeln dekorieren. Fertige Torte vier Stunden gut kühlen.

NSR.

September

Gemüse

Aubergine · Blumenkohl · Brokkoli
Butterrüben · Champignons · Chinakohl
Erbsen · Fenchel · Frühlingszwiebeln
grüne Bohnen · Gurken · Karotten
Kartoffeln · Knoblauch · Kohlrabi · Kürbis
Lauch · Mais · Mangold · Pak Choi
Paprika · Pastinaken · Pfifferlinge
Radieschen · Rettich · Rote Bete
Rotkohl · Rucola · Salate · Schalotten
Spinat · Stangensellerie · Steinpilze
Tomaten · Topinambur · Wirsing
Zucchini · Zuckerschoten · Zwiebeln

Obst

Äpfel · Birnen · Brombeeren
Feigen · Felsenbirne · Haselnüsse
Holunderbeeren · Mandeln · Melonen
Mirabellen · Pflaumen · Quitten
Renekloden · Sanddorn · Trauben
Walnüsse · Zwetschgen

Kräuter

Anis · Basilikum · Beifuß · Borretsch · Dill
Estragon · Gartenkresse · Kapuzinerkresse
Kerbel · Lavendel · Liebstöckel · Majoran
Melisse · Minze · Pelargonien · Petersilie
Pimpinelle · Ringelblume · Rosmarin
Schnittlauch · Thymian · Wermut · Ysop

Wildkräuter

Brennnessel · Brunnenkresse · Dost
Giersch · Knoblauchsrauke · Malve
Portulak · Sauerklee · Spitzwegerich
Taubnessel · Vogelmiere · Wacholder

Scheurebe

Aroma:
Schwarze Johannisbeere, Mango, Mandarine, Grapefruit, reife Birne, edelsüße Varianten mit Pfirsich- und Rosenduft

Körper/Gehalt:
mittelkräftig, feinrassig bis säurebetont, aromatisch, lebendig

Farbe:
hell bis strohgelb

Speisen:
Fleischterrinen und Pasteten, Geflügel, Wildgeflügel, asiatische Gerichte, fruchtige Desserts (rote Grütze)

Käse:
reifer Camembert, Blauschimmelkäse

Trinktemperatur:
7 – 9 °C

Besonderheiten:
Typischer Rheinhessenwein. Lange Haltbarkeit von edelsüßen Varianten. Beliebter Cuvéewein. Potenzial zu hochfeinen Weinen.

Dunkelfelder

Aroma:
Brombeeren, Mandel, Vanille, Kirschen

Körper/Gehalt:
körperreich und fruchtig, duftiger Geruch, nachhaltig, moderate Säure

Farbe:
tiefdunkelrot

Speisen:
gegrilltes Fleisch und Gemüse, Rinderbraten, kalte Speisen

Käse:
reifer Käse

Trinktemperatur:
18 – 20 °C

Besonderheiten:
Intensive Farbe (daher als »Deckwein« für die intensive Farbe in Cuvées gern verwendet). Sehr magenfreundlich wegen seiner geringen Säure. Wird oft im Barrique ausgebaut.

Vorspeise

Geschmorte Paprika

2 gelbe Paprikaschoten	vierteln	Paprika mit der Hautseite nach oben auf ein Backblech legen und mit dem Rapsöl einpinseln. Im oberen Teil des Backofens bei starker Oberhitze (oder Grill) 5 – 10 Min grillen, bis die Haut schwarz wird und Blasen wirft.
2 rote Paprikaschoten	vierteln	Aus dem Ofen nehmen und unter einem feuchten Tuch abkühlen lassen. Danach die Haut abziehen und die Paprika in Streifen oder Rauten schneiden.
Rapsöl	zum Bestreichen	
100 ml Olivenöl		In einer Pfanne Olivenöl erhitzen, den Knoblauch darin ganz leicht anrösten
1 Knoblauchzehe	in Scheiben schneiden	Vorsicht: Knoblauch wird leicht bitter, wenn er zu viel Hitze bekommt.
1 Zweig Thymian	Blättchen abzupfen	Die Paprika und den Thymian zugeben und sofort mit Balsamico-Essig ablöschen.
5 EL heller Balsamico-Essig		
Salz, Pfeffer		Mit Salz und Pfeffer abschmecken.
Weißbrotscheiben	rösten	Auf Weißbrotscheiben lauwarm servieren.

Dunkelfelder, trocken, oder
kräftiger Rotwein mit pfeffriger Note.

Suppe – Linsen-Riesling-Süppchen

1 dünne Lauchstange	in 3 mm dicke Ringe schneiden, inkl. des hellen Grüns	
2 EL Butter oder Rapsöl 2 – 4 Knoblauchzehen (nach Geschmack) 125 ml Riesling 200 g rote Linsen 1 l Gemüsebrühe Salz schwarzer oder bunter Pfeffer 1 Msp. Cayennepfeffer		Lauch im Fett andünsten, Knoblauch durch die Presse zugeben, mit Weißwein ablöschen und den Sud stark einkochen lassen. Linsen einstreuen, durchrühren und die Gemüsebrühe angießen. Suppe 15 – 20 Min köcheln lassen, bis die Linsen weich sind. Würzen.
1 Zitrone	2 TL Saft auspressen	Suppe mit dem Mixer pürieren und passieren. Mit Zitronensaft abschmecken.
125 g Schmand oder Sahne Kräuter (z.B. Kerbel oder Zitronenmelisse)	steif schlagen	Die Suppe in angewärmte Teller geben und 1 Löffel Schmand oder Schlagsahne zugeben, mit grünen Kräutern garnieren.

TIPP – Pfeffer ist nicht gleich Pfeffer

Grüner Pfeffer: unreife, noch grüne Körner, mild, kräuterhaft-frisches Aroma. *Schwarzer Pfeffer:* getrocknet, ungeschält, scharf. *Weißer Pfeffer:* getrocknet und geschält, mild. *Roter Pfeffer:* ungeschälte, vollreife Pfefferfrüchte in Salzlake eingelegt oder getrocknet, sehr scharf. *Rosa Pfeffer:* kein Pfeffer, sondern getrocknete Beeren des peruanischen Sumastrauchs, herb-würzig, etwas süßlich. *Bunter Pfeffer:* Mischung aus grünem, weißem und schwarzem Pfeffer sowie rosa Beeren.

Ratz Fatz

Butternudeln mit Quetschekompott

500 g Bandnudeln		Die Nudeln nach Packungsanleitung kochen.
200 g Zucker 100 ml lieblichen Weißwein 1 kg Zwetschgen 1 Stück Sternanis 1 Zimtstange	 halbieren, entsteinen	In einem Topf den Zucker langsam karamellisieren und mit dem Wein ablöschen. Die Zwetschgen – auf Rheinhessisch *Quetsche* – und die Gewürze zugeben und alles ca. 10 – 15 Min sanft köcheln lassen, bis die Zwetschgen weich, aber nicht zu matschig sind. Die Gewürze herausnehmen und das Kompott abkühlen lassen.
30 g Butter		Die Bandnudeln abgießen, gleich in einer Pfanne in heißer Butter schwenken und mit dem Kompott anrichten.
		Das Kompott passt auch sehr gut zu Milchreis oder Kaiserschmarren.

TIP

Zwetschge oder Pflaume?
Zwetschgen sind mehr länglich als eiförmig, haben ein gelb-grünliches, eher festes Fruchtfleisch, das auch nach dem Erhitzen seine Form behält (gut für Blechkuchen!). Ihr Kern löst sich im Gegensatz zu anderen Pflaumensorten leicht vom Fruchtfleisch.
Die saftige *Pflaume* ist rund bis eiförmig, blaurot oder gelb bis lila und hat eine Kernnaht, die über die ganze Frucht verläuft. Ihr Fruchtfleisch ist gelb und zerfällt beim Kochen.

Hauptgericht 

Woihinkel

	Vorbereitungszeit:	*1,5 Stunden Bratzeit*
1 Hähnchen (1,2 – 1,5 kg)	in Brustkorb, Keulen und Flügel zerteilen	Die Hähnchenteile mit dem Paprikapulver und 1 TL Salz in einer Schüssel vermengen, etwas marinieren lassen.
1 EL Paprikapulver edelsüß 2 TL Salz		Den Backofen auf 180° (Umluft 170°) vorheizen.
2 EL Olivenöl 20 g Butter		Das Öl mit der Butter in einem Bräter erhitzen und die Hähnchenteile auf der Hautseite bei hoher Temperatur anbraten. Die Haut sollte goldbraun sein.
5 Knoblauchzehen 1 Lorbeerblatt Pfeffer 1 Zweig Rosmarin 500 ml Weißwein	etwas andrücken	Den Knoblauch zusammen mit dem Lorbeerblatt kurz mitbraten lassen. Mit Pfeffer würzen, den Rosmarinzweig zugeben und mit dem Weißwein ablöschen. Den Bräter geschlossen auf der 2. Schiene von unten in den Ofen stellen und das Huhn 35 Min garen.
100 g Schalotten 150 g Karotten 100 g Sellerie (Stangen- oder Knollensellerie) 300 g Kartoffeln	in Ringe schneiden in Stücke schneiden in kleinere Stücke schneiden vierteln	Das Gemüse zum Hähnchen in den Bräter geben und weitere 30 Min garen. Die letzten 20 Min ohne Deckel, dafür die Hähnchenteile möglichst obenauf legen.
8 Zweige Thymian	Blättchen abzupfen, hacken	Den Thymian über das Hähnchen streuen, ggf. noch einmal mit Salz und Pfeffer nachwürzen.

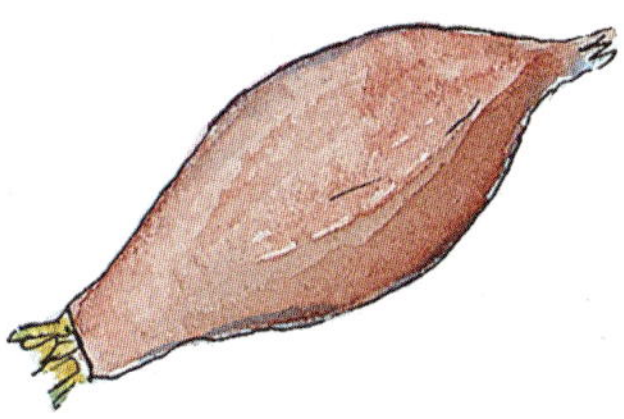

Beilage:
frisches Weißbrot oder Baguette

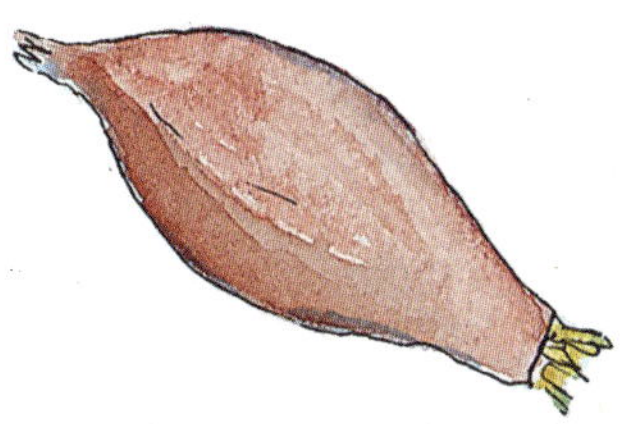

Nachtisch

Traubencreme mit Walnusskrokant

Vorbereitungszeit: *2 Stunden Kühlzeit*

Krokant:		
25 g Butter		Die Butter in einer Pfanne zerlassen, dann den Zucker und die Walnüsse zugeben und unter Rühren erhitzen, bis die Masse goldbraun ist. Zum Erkalten auf Backpapier geben und möglichst verteilen.
50 g Zucker		
70 g Walnüsse	hacken	
Traubencreme:		
250 g Magerquark	im Haarsieb abtropfen lassen	Aus dem Quark, Schmand, Zucker, Vanillezucker, Traubenlikör und Zitronensaft eine glatte Creme rühren, die Sahne zusammen mit den Trauben vorsichtig unterheben. Die Creme ca. 2 Std kühlen.
200 g Schmand		
100 g Zucker		
20 g Vanillezucker		
2 EL Traubenlikör		
1 Zitrone	Saft auspressen	
200 g Sahne	steif schlagen, kühl stellen	
500 g Trauben	halbieren, entkernen, ein paar Trauben für die Deko beiseitestellen	

Zum Anrichten: Die Creme in schöne Gläser füllen, das Walnusskrokant mit dem Nudelholz zwischen Backpapier zerkleinern und mit ein paar frischen Träubchen auf die Creme geben.

Für den Nachtisch Scheurebe lieblich, gern eine Beerenauslese.

Weinvesper Speck-Lauch-Kuchen

Teig:

250 g Mehl
40 g kalte Butter – in Flocken
1 Prise Salz
1 Prise Zucker
1 EL kaltes Wasser

Mehl auf die Arbeitsfläche sieben, in der Mitte eine Mulde bilden. Die Zutaten in die Mehlmulde geben und von der Mitte heraus zu einem Mürbeteig verarbeiten.
Kühl min. 30 Min ruhen lassen.

Danach den Teig ausrollen und in eine 26 cm große Spring- oder Quiche-Form legen, Rand rundum ca. 2 cm hocharbeiten.
Backofen auf 160° vorheizen.

Belag:

100 g Butter
300 g Bauchspeck – sehr klein würfeln
1,5 kg Lauch – in feine Streifen schneiden
3 EL Mehl

In einer großen Pfanne die Butter erhitzen und die Speckwürfel darin auslassen. Den Lauch darin andünsten, bis er etwas Farbe annimmt. Mit dem Mehl bestäuben und gut umrühren.

Die Masse auf den Teig in der Form geben und im Backofen 15 Min vorbacken.

250 g Sahne
4 Eier
Salz, Pfeffer
1 Msp. Muskat

Die Sahne und die Eier mit den Gewürzen verrühren, abschmecken und auf dem vorgebackenen Kuchen verteilen.
Weitere 15 – 20 Min backen, bis er eine goldgelbe Farbe hat.
Den Kuchen heiß oder warm servieren.

Vegetarische Variante:
Bei der vegetarischen Quiche Lorraine verwendet Rauchsalz für einen intensiveren Geschmack. Variieren könnt ihr mit getrockneten, in Öl eingelegten Tomaten oder gekochten Möhrchen.

Scheurebe oder Silvaner, trocken, auch als Schorle.

Weingetränk Sonne im Glas

	Vorbereitungszeit:	*1 Stunde Kühlzeit*
Lavendellimonade:		
½ Handvoll frische Lavendelblüten		Lavendel mit dem Zitronensaft, Zucker und Salz mischen, bis sich der Zucker gelöst hat. Zucker und Zitrone könnt ihr nach Geschmack variieren.
5 – 7 Zitronen	Saft auspressen	
150 g Zucker		
1 Prise Salz		
500 ml Mineralwasser mit Kohlensäure	kalt	Mit Mineralwasser aufgießen und ca. 1 Std kalt stellen.
1 Flasche Roséwein	gut gekühlt	Weinkelche verwenden und diese mit dem Rosé zur Hälfte füllen. Je 1 Eiswürfel zugeben und mit Lavendellimonade (durch ein kleines Sieb gegossen) nach Geschmack auffüllen. Das Verhältnis sollte 2/3 Wein, zu ⅓ Limonade sein.
Eiswürfel		
6 – 8 Lavendelzweige		Mit 1 Lavendelzweig und 1 Zitronenscheibe garnieren.
1 – 2 Zitronen	in Scheiben schneiden	

TIP Die Lavendellimonade geht natürlich auch ohne Alkohol, einfach mit Mineralwasser auffüllen.

Birnen Polenta Kuchen

Zutaten:

150g brauner Zucker
1Tl Zitronenabrieb
8 El trockener Weißwein
125g Mehl
50g Polenta (fein)
2Tl Quittengelee
2 Eier
8 El neutrales Öl
2Tl Zitronensaft
1Tl Weinsteinbackpulver
250g reife Birnen

Fett für die Springform Ø 20cm

Zubereitung:

Springform: Rand fetten, den Boden mit Backpapier belegen und mit 1El braunem Zucker bestreuen. Backofen auf 175°C vorheizen. Zucker, Eier u. Zitronenabrieb schaumig schlagen, dann Öl, Wein und Zitronensaft unterrühren. Das Mehl mit Backpulver und Polenta dazu geben und gut vermischen. Birnen schälen, Kerngehäuse entfernen und vierteln. Diese kreisförmig in die Form legen, den Teig draufgießen. 50min backen, auf eine Platte stürzen und mit Quittengelee bestreichen.

Oktober

Gemüse

Aubergine * Blumenkohl * Brokkoli
Butterrüben * Champignons * Chicorée
Chinakohl * Erbsen * Fenchel * Frühlings-
zwiebeln * grüne Bohnen * Gurken
Karotten * Kartoffeln * Knoblauch * Knollen-
sellerie * Kohlrabi * Kürbis * Lauch * Mais
Mangold * Pak Choi * Paprika * Pastinaken
Pfifferlinge * Radieschen * Rettich
Rosenkohl * Rote Bete * Rotkohl * Rucola
Salate * Schalotten * Schwarzwurzeln
Spinat * Stangensellerie * Steckrüben
Steinpilze * Tomaten * Topinambur
Weißkohl * Wirsing * Zucchini * Zwiebeln

Obst

Äpfel * Birnen * Felsenbirne
Hagebutten * Haselnüsse
Holunderbeeren * Mandeln * Maronen/
Esskastanien * Quitten
Trauben * Walnüsse * Zwetschgen

Kräuter

Beifuß * Borretsch * Dill * Gartenkressse
Kapuzinerkresse * Kerbel * Liebstöckel
Lorbeer * Majoran * Meerrettich * Melisse
Minze * Petersilie * Pimpinelle * Rosmarin
Salbei * Schnittlauch * Thymian
Wermut * Ysop

Wildkräuter

Brennnessel * Dost (Oregano) * Gänse-
blümchen * Giersch * Guter Heinrich
Stiefmütterchen * Taubnessel
Vogelmiere

Grauburgunder

Aroma:
Nüsse, Mandeln, Quitten, Mango

Körper/Gehalt:
mild bis säurebetont, buttrig, duftbetont

Farbe:
intensiv, hell bis goldgelb

Speisen:
Kurzgebratenes (Lamm, Rind), Schweinebraten, Krustentiere, gebratene Seefische, gebackene Forelle, Pilze, Quiche, Nudelgerichte mit hellen Soßen, Linsengerichte, Desserts mit Honig oder Marzipan

Käse:
milder, junger Blauschimmelkäse, reifer Weichkäse, Tilsiter, Edamer

Trinktemperatur:
7 – 9 °C

Besonderheiten:
Hieß früher *Ruländer,* seine Qualität hängt stark von Klima, Lage und Lesezeitpunkt ab. Ein vielseitiger Essensbegleiter. Die Edelsüßen passen zu Desserts.

Spätburgunder

Aroma:
reife Schwarzkirschen, Erdbeeren, Brombeeren bis hin zu Cassis, Holunderbeeren

Körper/Gehalt:
gehaltvoll bis körperreich, feine Tannine, etwas gerbstoffbetont

Farbe:
rubinrot bis granatrot

Speisen:
Wild, Rinderbraten, Kurzgebratenes, Ente, Rotkohl, Wildgeflügel, kräftige Fischgerichte

Käse:
milder Hart- und Schnittkäse wie Emmentaler, Edamer, Tilsiter oder Gouda; Weißschimmelkäse wie Brie und Camembert

Trinktemperatur:
als Rotwein: 15 – 18 °C
als Weißherbst: 9 – 13 °C

Besonderheiten:
In Frankreich nennt man ihn *Pinot noir.* Sekt, Weißherbst und *Blanc de Noir* werden ebenfalls angeboten.

Vorspeise  Winzersalat

	Vorbereitungszeit:	*3 Stunden*
400 g gekochtes Kassler oder gekochter Schinken	in Würfel schneiden	Fleisch mit Sauerkraut und Trauben mischen.
250 g Weinsauerkraut		
250 g Weintrauben (weiß und/oder rot)	halbieren, entkernen	
3 EL Weinessig 5 EL Öl (neutrales Sonnenblumen-, Raps- oder Distelöl, besonders lecker mit Traubenkern- oder Walnussöl) Salz, Pfeffer 1 Prise Zucker		Das Dressing aus Essig, Öl, Salz, Pfeffer und Zucker anrühren und über den Salat gießen. Den Winzersalat 2 – 3 Std durchziehen lassen.
Schnittlauch und Petersilie	hacken	Vor dem Servieren die Kräuter zugeben, ggf. noch einmal abschmecken.
		Den Winzersalat auf einem kräftigen Bauernbrot anrichten oder – als Hauptgang – mit Bratkartoffeln servieren.

Weiß oder rot, Hauptsache Burgunder, eher halbtrocken.

Quitten-Kartoffel-Suppe

3 reife Quitten	mit einem Tuch den »Pelz« abreiben, Früchte vierteln, Kerngehäuse entfernen, mit der Schale klein würfeln	In einem Suppentopf die Quitten in der Butter andünsten, dann ca. ⅓ der Würfel herausnehmen und beiseitestellen.
40 g Butter		
2 Schalotten	in Ringe schneiden	Nun die Schalotten in der Quitten-Butter-Masse andünsten.
200 ml Weißwein 1 l Gemüse- oder Hühnerbrühe 500 g mehligkochende Kartoffeln Pfeffer	würfeln	Mit dem Weißwein ablöschen und diesen kurz mit durchkochen. Dann die Brühe angießen und die Kartoffeln zugeben. Mit Pfeffer würzen.
200 g Sahne 200 g Crème fraîche 1 Prise Muskat Salz		Nach 25 Min Kochzeit den Topf vom Herd nehmen, die Sahne und die Crème fraîche zufügen und alles fein pürieren. Mit Muskat würzen, ggf. noch salzen und die Quitten-Würfel zugeben.
200 g Blutwurst	in Würfel schneiden	Wenn die Blutwurst in die Suppe soll, die Würfel kurz in einer Pfanne anbraten und über die angerichtete Suppe direkt in die Teller geben.

Vegetarische Variante:
Statt Blutwurst passen auch geröstete Toastdreiecke, die ihr zuvor mit einer aufgeschnittenen Knoblauchzehe einreiben und mit Butter bestreichen könnt.

Hauptgericht

Waldpilz-Kastanien-Braten

	Vorbereitungszeit:	*2 x 45 Minuten Backzeit*
Braten:		
2 EL Butter		Backofen vorheizen auf 160° Umluft, eine Kastenform (25 cm) mit 1 EL Butter ausfetten.
300 g gemischte Waldpilze	klein schneiden	Die restliche Butter in einer Pfanne erhitzen, Pilze, Schalotten und Karotte darin leicht anbräunen, mit Salz und Pfeffer würzen.
3 Schalotten	fein hacken	
1 Karotte	raspeln	
Salz, Pfeffer		
700 g gegarte Maronen	fein zerdrücken	Die Maronen, den Käse, das Paniermehl und Eigelbe untermengen.
80 g Blauschimmelkäse	klein würfeln	
50 g Paniermehl		Die Masse in die Kastenform drücken und 45 Min im Ofen backen.
4 Eigelb		
Soße:		
1 EL Olivenöl		In einer Pfanne das Olivenöl erhitzen, Zwiebel, Karotte und Champignons darin anbraten.
1 rote Zwiebel	fein würfeln	
1 Karotte	fein würfeln	
150 g Champignons	vierteln	
1 Lorbeerblatt		Lorbeerblatt, Thymian und braunen Zucker zugeben, dann mit Brühe und Rotwein ablöschen.
1 EL Thymianblättchen		
1 EL brauner Zucker		
350 ml Gemüsebrühe		
50 ml trockener Rotwein		
1 EL Sojasoße		Sojasoße, Tomatenmark, Balsamico und Senf einrühren und 10 Min köcheln lassen.
2 TL Tomatenmark		
1 EL dunkler Balsamico-Essig		
1 TL scharfer Senf		
		Das Lorbeerblatt entfernen und die Soße pürieren, mit Salz und Pfeffer abschmecken.

Den **»Braten«** aus der Form nehmen, in Scheiben schneiden und mit der Soße servieren. Als Beilage reicht ihr **Weinkartoffeln** und Feldsalat.

Hauptgericht

Weinkartoffeln:		
50 g Butter		Eine breite Auflaufform mit Butter fetten und den Backofen auf 160° (Umluft) vorheizen.
1 kg mittelgroße Kartoffeln	in gleichmäßig dünne Scheiben schneiden	Die Kartoffelscheiben dachziegelartig in die Auflaufform schichten, zwischendurch mehrmals salzen und pfeffern.
Salz, Pfeffer		
1 Prise Zimt 250 ml Weißwein		Mit Zimt würzen, mit dem Weißwein begießen und in den Ofen schieben.
100 g Crème fraîche		Nach ca. 30 Min die Kartoffeln mit Crème fraîche bestreichen und fertig backen, bis sie goldgelb sind.

Ratz Fatz 

Spaghettini mit rotem Walnusspesto

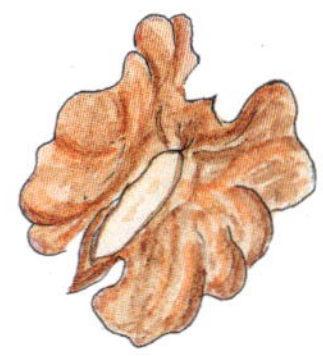

400 g Spaghettini		Nach Packungsanleitung kochen.
100 g getrocknete, in Öl eingelegte Tomaten	grob hacken	Tomaten samt Öl, Knoblauchzehe und Walnüsse im Mixer zerkleinern.
1 Knoblauchzehe		
150 g Walnüsse	ohne Fett anrösten und grob hacken	
30 – 50 g Hartkäse	hobeln	30 g Hartkäse untermischen.
Salz, Pfeffer 150 ml Olivenöl		Mit Salz und Pfeffer würzen und mit Olivenöl bedecken.
		Die Spaghettini auf Tellern anrichten, das Pesto und etwas frisch gehobelten Hartkäse darübergeben.

Beilage:
Endivien- oder Feldsalat

Spätburgunder,
trocken oder halbtrocken.

Eierpannekuche mit Zimtquetsche

Zimtquetsche:		
150 g Zucker 125 ml milder Rotwein		Den Zucker in einem Topf goldbraun karamellisieren lassen, mit dem Rotwein ablöschen und den Karamell damit loskochen.
1 Zimtstange 500 g Zwetschgen	halbieren, entsteinen	Die Zimtstange und die Zwetschgen zugeben. Alles abgedeckt leise köcheln lassen. Nach spätestens 10 Min sind die Zwetschgen weich, sie sollten aber nicht zerfallen sein. Alles abkühlen lassen und dann die Zimtstange entfernen.
Eierpannekuche: 2 Eier 5 EL Mehl 200 ml Milch 1 gestrichener EL Zucker 1 Prise Salz 1 EL neutrales Öl		Die Eier mit Mehl, Milch, Zucker und Salz in einer Rührschüssel mit dem Handrührgerät oder Schneebesen zu einer homogenen Masse rühren. Zum Ausbacken eignet sich eine beschichtete Pfanne, in der etwas Öl erhitzt wird. Mit einer Kelle Teig in die heiße Pfanne geben und über den Pfannenboden verteilen (den Pfannenwender zu Hilfe nehmen). Goldbraun backen und wenden.
		Alle Pfannkuchen backen, warm stellen. Dann einzeln auf Teller legen und zur Hälfte mit dem Zwetschgenkompott bestreichen.
1 EL Puderzucker		Zuklappen und mit etwas Puderzucker (durch ein kleines Sieb) bestäuben.

TIPP Wenn der Eierpfannkuchen am Rand Farbe annimmt, ist es Zeit, ihn zu wenden.

Zwiwwelkuche mit Wein

Teig:		
400 g Mehl ½ Würfel Hefe (20 g) 1 Prise Zucker 9 EL Öl		Aus Mehl, Hefe, Zucker und dem Öl einen Hefeteig zubereiten (wenn der Teig zu fest ist, etwas Wasser zugeben), sofort in einer Fettpfanne ausrollen und einen kleinen Rand hochziehen.
2 EL Paniermehl		Teig mit Paniermehl bestreuen.
Belag Zwiebeln:		
1 EL Öl 600 g Zwiebeln 200 g geräucherter durchwachsener Speck 125 ml Weißwein	 in Ringe schneiden in kleine Würfel schneiden	Das Öl erhitzen, Zwiebeln und Speck darin andünsten, mit Wein ablöschen und 15 Min schmoren lassen. Die Masse abkühlen lassen.
100 g Käse (Bergkäse, Emmentaler oder Gouda) 125 g Sahne Salz, Pfeffer	reiben	Den Käse mit der Sahne verrühren, mit Salz und Pfeffer abschmecken. Den Zwiebelbelag auf dem Teig verteilen und die Käse-Sahne-Mischung darübergeben. In den kalten Backofen schieben.
		Bei 200° gut 35 – 40 Min backen, anschließend 5 – 10 Min im warmen Ofen stehen lassen.

Klassische Begleiter zum Zwiebelkuchen sind Federweißer oder, wenn es keinen *Rauscher* mehr gibt, trockene Weißweine.

Weingetränk Federweißer

In den Weinbauregionen gibt es um diese Zeit (je nach Erntebeginn Mitte September bis Ende Oktober) Federweißer. Das ist Traubenmost, dessen Gärung begonnen hat.
Daher gibt es verschiedene Stadien und Geschmacksrichtungen: von eher süß, wenn er noch ganz jung ist, bis schon etwas herb, wenn er weiter gegoren ist – ein Geschmack, der sich auch bei der Lagerung zu Hause entwickelt.
Das »Weiß« ist die Naturtrübung des Mostes durch die enthaltenen Hefen.
Es gibt ihn ebenfalls von roten Traubensorten, dann Roter Rauscher genannt.

Da Federweißer wegen der fortschreitenden Gärung nicht dicht verschlossen werden darf, muss er unbedingt stehend transportiert werden.

TIPP: In Rheinhessen wird **Federweißer** auch *Rauscher* oder *Bremser* genannt.
So lecker er schmeckt, solltet ihr ihn wegen seiner »durchschlagenden Wirkung« nur in Maßen genießen.

Weincremetorte

Für den Teig:
250g Mehl • 200g Butter •
2 Eigelb • 50g Zucker •
2 El Weinbrand
→ zu Mürbeteig verarbeiten
u. ½ Std. kühl ruhen lassen.

Den Teig ausrollen, gefettete Springform (ø26 cm) auslegen +2 cm Rand. Ca. 20 min bei 180°C backen, abgekühlt auf eine Kuchenplatte legen.

Für die Füllung: 2 Eier •
6 Bl. Gelatine • 60g Zucker •
⅛ l Wein • ¼ l Sahne • 1 El. Aprikosenmarmelade • 40g gehob. Mandeln • 10g Butter.
+ 300g frische Trauben

Die Füllung:
Eier trennen, Gelatine in kaltem Wasser einweichen. Eigelbe mit 2 El. Wasser schaumig schlagen. Wein mit Zucker mischen. Die eingeweichte Gelatine in etwas heißem Wasser auflösen u. unter die Creme ziehen, kalt stellen, bis sie geliert. Eiweiß u. Sahne steif schlagen, unter die Creme heben. Die Creme auf den Kuchen u. mit den Traubenhälften dekorieren. Gehobelte Mandeln in Butter rösten u. mit der Aprikosenmarm. an den Kuchenrand kleben.

November

Gemüse

Austernpilze ⚘ Butterrüben
Champignons ⚘ Chicorée ⚘ Chinakohl
Fenchel ⚘ Grünkohl ⚘ Knollensellerie ⚘ Kürbis
Lauch ⚘ Pak Choi ⚘ Pastinaken ⚘ Petersilienwurzel ⚘ Radicchio ⚘ Rosenkohl ⚘ Rote Bete
Rotkohl ⚘ Rucola ⚘ Schalotten ⚘ Schwarzer Rettich ⚘ Schwarzwurzeln ⚘ Spinat
Spitzkohl ⚘ Steckrüben ⚘ Steinpilze
Topinambur ⚘ Weißer Rettich ⚘ Weißkohl
Wirsing

Obst

Äpfel ⚘ Birnen ⚘ Felsenbirne
Hagebutten ⚘ Haselnüsse ⚘ Mandarinen
Mandeln ⚘ Maronen
Mispeln ⚘ Orangen ⚘ Quitten
Walnüsse ⚘ Zitronen

Kräuter

Gartenkresse ❀ Kerbel ❀ Lorbeer ❀
Meerrettich ❀ Petersilie ❀ Pimpinelle
Portulak ❀ Rosmarin ❀ Salbei ❀ Thymian
(grüne Kräuter bis zum Frost)

Wildkräuter

Brennnessel ❀ Dost (Oregano)
Gänseblümchen ❀ Giersch
Guter Heinrich ❀ Stiefmütterchen
Taubnessel ❀ Vogelmiere

Huxelrebe

Aroma:
Aprikose, Maracuja, Honig, Muskat, Mango

Körper/Gehalt:
aromatisch, elegant-milde Säure

Farbe:
blassgelb bis goldgelb

Speisen:
würzige Geflügelgerichte, Kalbsragout, Pasteten, würzige Fischgerichte, süßsaure Salate, Wokgerichte, fruchig-cremige Desserts

Käse:
Blauschimmelkäse

Trinktemperatur:
7 – 9 °C

Besonderheiten:
Meist im edelsüßen Prädikatsweinbereich zu finden, gut lagerfähig. Gut zum Aperitif oder als Begleiter zum Dessert.

Merlot

Aroma:
Kirschen, Pflaumen, Cassis, Brombeeren

Körper/Gehalt:
körperreich, fruchtbetont, dezente Tannine, wenig Säure, weich, vollmundig

Farbe:
dunkelrot

Speisen:
Ente, Schmorgerichte, Steaks, kräftige Nudelgerichte, Ratatouille, gegrilltes Gemüse, Pilzgerichte

Käse:
pikanter, reifer Käse, Schnitt- und Hartkäse wie Bergkäse oder Emmentaler

Trinktemperatur:
14 – 20 °C

Besonderheiten:
Eine vielseitige Rebe, gut als Cuvée, wird oft im Barrique ausgebaut, hat einen hohen Alkoholgehalt. Er ist ein guter Essensbegleiter.

Vorspeise

Kürbisrisotto mit Walnüssen

2 EL Butter 1 EL neutrales Öl 2 Zwiebeln 1 Knoblauchzehe 300 g Risottoreis 800 g Kürbis (Hokkaido, Butternut oder Muskat)	 fein würfeln fein würfeln das Fruchtfleisch in 1,5 cm große Würfel schneiden	Butter und Öl in einem Topf erhitzen, die Zwiebeln und den Knoblauch darin glasig dünsten, dann den Reis und die Kürbiswürfel zugeben und 2 Min weiterdünsten.
200 ml Weißwein 1,2 l Gemüsebrühe 1 Lorbeerblatt	 aufkochen und warm halten	Mit dem Weißwein ablöschen und diesen bei offenem Deckel völlig einkochen lassen. Dann die Gemüsebrühe angießen, sodass der Reis gerade so damit bedeckt ist. Lorbeerblatt zufügen. Bei mittlerer Hitze im offenen Topf unter Rühren weiterkochen lassen und immer wieder Gemüsebrühe nachgießen, sobald der Reis die Flüssigkeit aufgesogen hat.
4 EL Walnüsse 1 Bund Petersilie 8 EL Trauben- oder Kürbiskernöl	hacken zupfen, hacken	Fürs Topping die Walnüsse in einer Pfanne ganz leicht ohne Fett anrösten, dann mit der Petersilie und dem Kernöl mischen.
100 g Hartkäse Salz, Pfeffer	reiben	Den Hartkäse in das cremige Risotto einrühren und mit Salz und Pfeffer abschmecken. Auf einem Teller anrichten und das Walnuss-Petersilien-Öl darüberträufeln.

TIP Zusammen mit einem Feldsalat ist das **Risotto** auch ein kleines Hauptgericht. – Der **Hokkaido-Kürbis** hat den Vorteil, dass ihr ihn nicht schälen müsst.

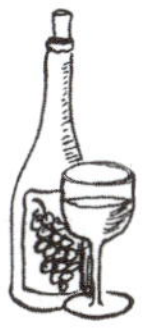

Sellerie-Apfel-Suppe

2 EL Butter		In einem Topf 1 EL Butter schmelzen und die Sellerie-, Apfel- und Zwiebelwürfel darin andünsten, bis sie ein wenig Farbe bekommen.
500 g Knollensellerie	würfeln	
300 g Äpfel	würfeln, die Schale kann gern dran bleiben	
100 g Zwiebeln	würfeln	
1 l heiße Gemüsebrühe		Mit der Gemüsebrühe ablöschen und alles zusammen aufkochen lassen. Bei mittlerer Hitze alles zugedeckt ca. 30 Min köcheln lassen.
		Mit einem Pürierstab alles fein pürieren, die Sahne zugeben und mit Salz und Pfeffer abschmecken und noch mal kurz aufkochen lassen.
200 g Sahne		
Salz, Pfeffer		
4 Weißbrotscheiben	würfeln	Die Weißbrotwürfelchen mit der restlichen Butter in der Pfanne rösten. Die Suppe in Tellern oder Schalen servieren, die Croûtons als Topping.

TIPP

Wenn ihr **Sahne** über längere Zeit kocht, kann diese ausflocken. Das bedeutet, das Fett trennt sich von der Molke. Das passiert auch, wenn ihr Sahne oder Milch mit säurehaltigen Zutaten kocht, wie zum Beispiel Zitrone oder Wein. Deswegen sahnehaltige Soßen immer bei geringer Hitze langsam einkochen lassen, dann gibt es keine Probleme.

Hauptgericht

Rehrücken mit Haselnusskruste

Den Backofen auf 130° vorheizen.

Rehrücken:

600 g Rehrücken (ausgelöst)	Fleisch parieren
Butterschmalz	zum Anbraten
2 Zweige Thymian	
1 Zweig Rosmarin	
1 Schalotte	längs halbieren
2 Wacholderbeeren	etwas andrücken
Salz, Pfeffer	

In einer tiefen Pfanne oder einem Bräter den Rehrücken in heißem Butterschmalz rundum gut anbraten. Thymian- und Rosmarinzweige, Schalotte und Wacholderbeeren zugeben, mit Salz und Pfeffer würzen und 10 Min in den Backofen geben. Nach 5 Min wenden.

125 ml kräftiger Rotwein	
125 ml Rinderbrühe oder Wildfond	
1 – 2 EL kalte Butter	

Das Fleisch aus dem Ofen nehmen und zugedeckt ruhen lassen. Den Bratensatz mit dem Rotwein ablöschen und einreduzieren. Rinderbrühe oder Wildfond zufügen und nochmals aufwallen lassen, dann durch ein feines Sieb passieren. Mit der kalten Butter binden.

Haselnusskruste:

125 g Butter	
1 Eigelb	
1 Wacholderbeere	im Mörser fein mahlen
1 Zweig Thymian	Blätter fein hacken
100 g Haselnüsse	fein hacken
50 g Weißbrotbrösel	
Salz, Pfeffer	

Die Butter schaumig aufschlagen, Eigelb, Wacholderbeere und Thymian untermischen.

Haselnüsse in einer Pfanne ohne Fett langsam rösten, dabei bleiben! Dann Weißbrotbrösel, Salz, Pfeffer und abgekühlte Haselnüsse in die Buttermasse rühren.

Die Butter-Nuss-Masse nun zwischen Backpapier mit einem Nudelholz flach ausrollen, etwa so groß wie die Fleischoberfläche. Dann in den Kühlschrank legen, bis sie fest ist. Eine Lage Backpapier abziehen und die »Kruste« auf das Fleischstück legen und leicht andrücken, dann auch die obere Backpapierlage entfernen.

Den Backofen auf 220° vorheizen, das Fleisch hineinstellen und bei Oberhitze ca. 3 Min überbacken, bis die Kruste goldbraun ist.

Kürbiskugeln:

50 g Zucker 1 EL Zuckerrübensirup oder flüssiger Honig 20 g Butter 100 ml Gemüsefond 50 g Sahne		In einer Pfanne den Zucker hellbraun karamellisieren lassen, den Rübensirup und die Butter zugeben, dann mit Gemüsefond und Sahne verrühren und reduzieren lassen.
600 g Hokkaido-Kürbis	halbieren, mit dem Parisienne-Ausstecher 12 – 15 Kugeln ausstechen	Die Kürbiskugeln zugeben und 3 Min darin dünsten.
1 cl Weinbrand		Zum Schluss ein Schuss Weinbrand zufügen.

Das Fleisch aufschneiden und mit der Soße und den Kürbiskugeln auf Tellern anrichten.

Beilage:
Kartoffelplätzchen
oder
Herzoginkartoffeln

TIP **Wildfleisch** muss vor der Zubereitung *pariert,* d.h. von allen unerwünschten Teilen wie Fett, Haut und Sehnen befreit werden. Dazu wird es kurz mit kaltem Wasser abgespült und mit einem trockenen Tuch abgetupft. Mit einem spitzen, scharfen Messer wird dann die ganze Außen- bzw. Silberhaut vorsichtig, aber gründlich entfernt. Die Silberhaut ist bei Wildfleisch nämlich sehr zäh und wird auch durch den Garprozess nicht weicher, sondern eher noch zäher.

Ratz Fatz – Kastaniennudeln & Rosenkohl

400 g Kastaniennudeln		Nach Packungsanleitung kochen.
Butter 500 g Rosenkohl	Köpfe halbieren	In einer Pfanne die Butter erhitzen und den Rosenkohl darin anbraten, bis er Farbe bekommt. Butter nicht zu heiß werden lassen.
5 cl milder Weißwein 150 g Sahne		Mit dem Wein ablöschen und kurz aufkochen, dann die Sahne zugeben und etwas einkochen lassen, bis der Rosenkohl angenehm bissfest gegart ist.
Salz, Pfeffer Muskat		Alles mit Salz, Pfeffer und etwas Muskat abschmecken. Die Nudeln abgießen und direkt zum Rosenkohl in die Pfanne geben.

TIPP Nudeln aus **Kastanienmehl** (glutenfrei) gibt es von regionalen Nudelmanufakturen sowie in Biomärkten. Wenn ihr keine Kastaniennudeln bekommt, könnt ihr geschälte und gegarte **Maronen** zum Rosenkohl in die Pfanne geben und normale Bandnudeln verwenden. Rosenkohl und Maronen sind eine ideale Kombination.

Nachtisch – Dampfnudeln mit Weinsoße

	Vorbereitungszeit:	*2 Stunden Kühl- und Ruhezeit*
Weißweinsoße:		
750 ml halbtrockener, aromatischer Weißwein 1 Zimtstange 50 – 100 g Zucker 40 g Speisestärke	in etwas Wasser auflösen	In einem Topf den Wein mit der Zimtstange und dem Zucker (Menge nach Geschmack) kurz aufkochen lassen, die Speisestärke einrühren und 1 Min kochen. Abkühlen lassen, die Zimtstange entfernen.
2 Eier	Dotter und Eiweiß trennen, Eiweiß zu Schnee schlagen	Nun die Eigelbe mit dem Schneebesen rasch unter die Weinmasse schlagen. Den Eischnee portionsweise vorsichtig unter die lauwarme Weinsoße heben. Die Creme min. 2 Std kühlen.

Dampfnudeln:

- 500 g Mehl
- 20 g Hefe
- 1 TL Zucker
- 250 ml Milch lauwarm
- 1 TL Salz
- 2 Eier
- 40 g weiche Butter

Das Mehl in eine Schüssel sieben und eine Mulde in die Mitte drücken, die Hefe hineinbröckeln und Zucker darüberstreuen. 1 – 2 EL Milch in die Mulde gießen und die Hefe darin auflösen. Kein Salz in diesem Stadium zugeben, das zerstört die Hefebakterien!
Die Schüssel abdecken und den Vorteig min. 30 Min gehen lassen.
Den Rest der Milch und das Salz in den Teig geben und durchmischen, dann die Eier und die Butter zufügen und alles gut verkneten, bis der Teig samtig wird und Blasen wirft. Nochmals zugedeckt 1 Std gehen lassen.

Den Teig in 8 Teiglinge aufteilen und daraus kleine Kugeln formen. Die Kugeln auf ein bemehltes Brett setzen und mit einem Tuch abgedeckt weitere 30 Min gehen lassen.
Backofen auf 200° (Umluft 180°) vorheizen.

Garen im Grobbe:

- 200 ml Milch
- 20 g Butter
- 1 TL Salz
- 1 EL Zucker

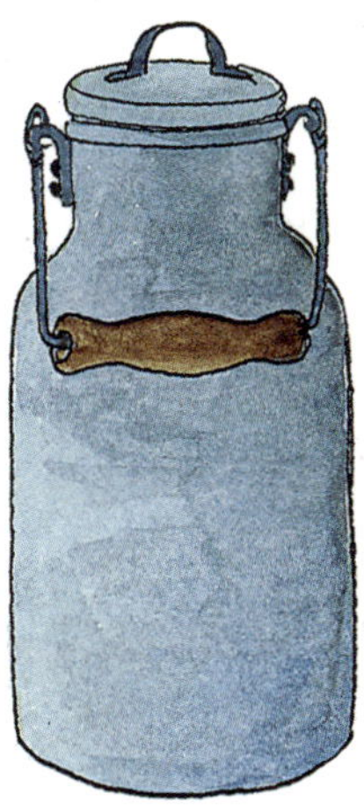

In einem **Bräter** *(Grobbe,* mit Deckel) die Milch mit Butter und Salz aufkochen. Wer es süß mag, fügt noch Zucker hinzu. Dann die Hefeteiglinge mit Abstand in den Bräter setzen. Ein feuchtes Küchentuch über den Bräter legen und mit dem Deckel dicht verschließen. Den Bräter in den Backofen schieben und die Teiglinge ca. 30 Min backen. Die Dampfnudeln zischen leise, wenn sie Kruste bekommen haben!

Die heißen Dampfnudeln mit der kalten Weinsoße genießen!

Weinvesper

Forellen-Sandwich

60 g Quark		Aus Quark, Joghurt und Zitronensaft eine Creme rühren und langsam das Walnussöl zugeben. Äpfel, Sellerie und Dill untermischen.
150 g Naturjoghurt		
Zitronensaft		
2 EL Walnussöl		
100 g Äpfel	mit der Schale fein raspeln	
400 g Knollensellerie	fein raspeln	
½ Bund Dill	Spitzen hacken	
4 – 5 geräucherte Forellenfilets	in ca. 2 cm große Stücke teilen	Jetzt die Forellenstückchen vorsichtig unterheben.
Salz, Pfeffer		Mit Salz und Pfeffer abschmecken.
4 Brotscheiben	toasten	Auf das Brot ein Salatblatt legen, darauf die Forellen-Masse geben, mit Eierscheiben garnieren und Walnüsse darüberstreuen.
4 grüne Salatblätter		
2 Eier	hart kochen, in Scheiben schneiden	
80 g Walnusskerne	grob hacken	

Huxel, trocken
oder halbtrocken.

Weingetränk

Winzertee

500 ml Wasser	kochen lassen	Den Tee mit Wasser überbrühen, max. 4 Min ziehen lassen und abseihen.
6 g schwarzer Tee		
1 Flasche Rotwein		In einem Topf den Rotwein, Tee, Orangenabrieb und -saft zusammen mit der Zimtstange, den Nelken und dem eingerührten Zucker ganz langsam erhitzen, nicht kochen!
1 Orange	1 TL von der Schale abreiben, Saft auspressen	
1 Zimtstange		
2 Nelken		
80 g Rohrzucker		Den Weinbrand zugeben. Durch ein Siebchen heiß in Schobbegläser oder Becher füllen. Süßmäuler können gern noch nachsüßen.
8 ml Weinbrand		

Rotweinkuchen

250 g weiche Butter • 250 g Zucker
1 P. Vanillezucker • Salz • 4 Eier • 300 g Mehl
1 Tl Backpulver • 1 Tl Zimt • 1 Eßl. Kakao
125 ml Rotwein • 100 g Schokostreusel
50 g Korinthen, alternat. getr. geh. Kirschen

Butter geschm. aufschlagen. Zucker, Vanillezucker u. 1 Pr. Salz unterrühren. Eier zugeben und unterrühren. Aufschlagen, bis eine goldgelbe Masse entsteht.
Das Mehl mit Zimt, Backpulver und Kakao mischen und mit dem Rotwein in die Eimasse unterrühren. Die Schokostreusel und die Korinthen od. Kirschen unterheben.
Die Kuchenform gut einfetten und bemehlen.

Im, auf 180°C (160°C Umluft) vorgeheizten Backofen, auf mittl. Schiene 50-60 Min. backen. – Herausnehmen u. 10 Min. in der Form stehen lassen, stürzen auf Kuchengitter und abkühlen lassen.

Glasur: 100 g Puderzucker mit 1-2 Eßl. Rotwein glatt rühren. Den Kuchen damit überziehen.

Napfkuchenform Ø 24 cm. Zuber. Zeit ca. 25 Min.

NSR.

Dezember

Gemüse

Austernpilz ⚘ Butterrüben
Champignons ⚘ Chicorée ⚘ Endiviensalat
Feldsalat ⚘ Grünkohl ⚘ Karotten ⚘ Lauch
Knollensellerie ⚘ Pak Choi ⚘ Pastinaken
Petersilienwurzel ⚘ Radicchio ⚘ Rosenkohl
Rote Bete ⚘ Rotkohl ⚘ Schalotten
Schwarzer Rettich ⚘ Schwarzwurzeln
Steckrüben ⚘ Weißer Rettich ⚘ Weißkohl

Obst

Hagebutten ⚘ Haselnüsse
Mandarinen ⚘ Orangen ⚘ Walnüsse
Zitronen

Kräuter

Gartenkresse ❀ Lorbeer ❀ Meerrettich
Portulak ❀ Rosmarin ❀ Salbei (bis zum Frost)
Thymian

Wildkräuter

In milden Wintern findet man jetzt noch zarte Blätter von Löwenzahn, Spitzwegerich und Vogelmiere.

Gewürztraminer

Aroma:
Rosinen, Korinthen, Quitten

Körper/Gehalt:
körperreich und gehaltvoll, sehr milde Säure, extraktreich

Farbe:
goldgelb

Speisen:
gebratene Ente oder Gans, zu Schokolade, Marzipan

Käse:
Blauschimmelkäse

Trinktemperatur:
7 – 9 °C

Besonderheiten:
Hochfeine Weine aus aromatisch-würziger Traube. Sie duften herrlich nach Rosen, Akazienblüten, Veilchen, Honig, Marzipan, Quittengelee.
Süße Spätlesen als Aperitif oder zu Bränden als Abschluss.

Dornfelder

Aroma:
Sauerkirschen, Brombeeren, Pflaumen, Holunderbeeren, Bitterschokolade

Körper/Gehalt:
vollmundig, natürliche Süße, gut ausgebaute Säure- und Fruchtnote, hoher Alkoholgehalt

Farbe:
tiefdunkelrot

Speisen:
kräftige Braten, Wild, Lamm, Wurst (Vesperplatte), gegrilltes Fleisch und Gemüse, Pilzgerichte, Desserts mit Beeren und dunkler Schokolade

Käse:
fettreiche Sorten, Munster, Weinkäse, Rot- und Blauschimmelkäse, Edamer, Bergkäse, Raclette

Trinktemperatur:
16 – 18 °C

Besonderheiten:
Ein angenehmer Winterwein, oft im Holzfass oder Barrique ausgebaut, junger Dornfelder im Sommer auch gern gut gekühlt.

Vorspeise 

Landterrine

Farce:		
150 g Kalbfleisch 150 g Schweinefilet oder Geflügelfleisch	als Hackfleisch oder selbst durch den Fleischwolf drehen	Für die *Farce* (franz.: Füllung) das gemischte Hackfleisch 30 Min im Tiefkühler anfrieren.
		Den Backofen auf 120° (Ober- und Unterhitze) vorheizen.
500 g kalte Sahne		Das angefrorene Fleisch im Mixer pürieren, dabei nach und nach die Sahne zufügen.
Salz, Pfeffer 1 Msp Paprikapulver rosenscharf 1 Msp. Muskat 1 TL Thymianblätter		Dann Salz, Pfeffer, Paprikapulver, Muskat, Thymian, die gemörserten Gewürze sowie Zitronen- und Orangenabrieb unterrühren.
1 Lorbeerblatt 2 schwarze Pfefferkörner 2 Wacholderbeeren	zusammen im Mörser fein zerstoßen und reiben	
1 Zitrone 1 Orange	jeweils von der Hälfte die Schale abreiben	
50 ml Portwein		Schließlich mit Portwein abschmecken.
Einlage:		
4 EL Pflanzenöl		Für die Einlage das Öl in einer Pfanne erhitzen und die Filetwürfel darin kurz anbraten, kalt stellen.
100 g Kalbs- oder Schweinefilet	in 5 mm große Würfel schneiden	
100 g Wurzelgemüse	klein würfeln	Die Gemüsewürfel garen später im Wasserbad.
Kürbiskerne	hacken	

Terrine füllen:

Die Farce abwechselnd mit den Fleisch- und Gemüsewürfeln und den Kürbiskernen in eine Terrinenform (30 x 11 cm) schichten. Die unterste und oberste Lage sollte Farce sein. Wenn ihr keine Terrinenform besitzt, dann nehmt eine passende Kastenform und legt diese mit Backpapier aus.

Terrine garen:

Kochend heißes Wasser in die Fettpfanne des Backofens gießen und die Terrinenform hineinstellen. Im unteren Teil des Ofens 50 – 55 Min pochieren.

Nach dem Abkühlen die Terrine stürzen und in Scheiben schneiden. Eignet sich auch für ein Picknick und zur Vesper.

Beilagen:
Feldsalat
und/oder
Bauernbrot

Dornfelder, trocken oder Rotwein, der mit den Aromen harmoniert.

Suppe

Gewürztraminer-Suppe

20 g Zwiebeln	fein würfeln
20 g roher Schinken	würfeln
50 g Butter	
30 g Karotten	würfeln
20 g Knollensellerie	würfeln
20 g Lauch	in Streifen
40 g Mehl	schneiden
750 ml Fleischbrühe	
250 ml Gewürztraminer	
30 g Crème fraîche	
70 g Sahne	
1 Eigelb	
1 Prise Zucker	
150 g geschlagene Sahne	
geröstete Mandelblättchen	

Die Zwiebel- mit den Schinkenwürfeln in der Butter anschwitzen.
Das Gemüse zufügen, ebenfalls etwas anschwitzen, dann das Mehl zugeben und nochmals kurz erhitzen.

Mit Brühe und Wein ablöschen, dabei gut rühren, damit sich keine Klumpen bilden. Bei mittlerer Hitze kochen, bis das Gemüse gar ist.
Crème fraîche einrühren, die Sahne mit dem Eigelb verquirlen und die Suppe damit eindicken (darf dann nicht mehr kochen!). Mit Zucker abschmecken.
Die Suppe in vorgewärmte Tassen füllen, mit 1 Klacks Schlagsahne und Mandelblättchen servieren.

Hauptgericht 

Glühweinbraten mit Brezelknödel

Vorbereitungszeit: *3 Tage vorher beginnen*

Beize für den Rinderbraten:		
2 Orangen	Saft auspressen	Orangensaft zusammen mit dem Glühwein, dem Rotweinessig, den Gewürzen und Kräutern in einem Kochtopf kurz aufkochen lassen.
750 ml Glühwein		
250 ml Rotweinessig		
4 Nelken		
10 Wacholderbeeren		Die Beize abkühlen lassen.
2 cm Zimtstange		
1 Stück Sternanis		
2 Lorbeerblätter		
1 Zweig Rosmarin		
1 kg Rinderbraten		Das Bratenstück in eine große Schüssel (optimalerweise ein Steinguttopf mit
2 Zwiebeln	in feine Ringe schneiden	Deckel) legen und die Zwiebelringe darauf verteilen. Die ausgekühlte Beize darübergeben, das Fleischstück sollte möglichst damit bedeckt sein. Deckel auflegen und das Fleisch kühl 3 Tage in der Beize liegen lassen, täglich wenden.
Am Genusstag:		
Beize	auffangen und heiß machen	Das Fleisch aus der Beize nehmen und trocken tupfen. Die Beize durch ein Tuch oder ein feines Sieb abseihen und die ganze Flüssigkeit auffangen.
etwas Sonnenblumenöl		Öl in einem Bräter (gern aus Gusseisen) heiß werden lassen und das Fleisch rundum anbraten, aus dem Bräter nehmen und leicht salzen.
1 Prise Salz		In dem heißen
1 große Karotte	in Stücke schneiden	Öl das Wurzelgemüse, die Zwiebel und die Apfelstücke anbraten, Tomatenmark
1/4 Knollensellerie	grob würfeln	zugeben und kurz mitrösten. Mit 2 Tassen heißer Beizflüssigkeit angießen,
1 große Zwiebel	grob würfeln	
1 Apfel	achteln	den Braten wieder hineinlegen und den
1 TL Tomatenmark		Deckel auflegen.

Den Braten ca. 2 Std im geschlossenen Topf bei 160° (Umluft) schmoren lassen. In dieser Zeit immer wieder von der Beizflüssigkeit nachgießen, restlos.
Den Braten aus dem Bräter nehmen und warm stellen. Er sollte ca. 15 Min ruhen.

4 EL Sahne

Salz, Pfeffer

Den Bratenfond samt Gemüse und Apfel pürieren, durch ein Sieb in einen Soßentopf passieren und die Sahne angießen. Alles noch etwas einkochen lassen und mit Salz und Pfeffer abschmecken. Fleisch aufschneiden und mit der Soße servieren.

Brezelknödel:

1 Zwiebel	klein würfeln
2 EL Butter	
250 ml Milch	
300 g Brezeln oder Laugenstangen, Laugenbrötchen	in Würfel schneiden
3 Eier	verquirlen
3 EL Petersilie	sehr fein hacken
Salz (wenig, da die Brezeln schon salzig sind)	
Pfeffer	

Zwiebel mit der Butter glasig dünsten. Die Milch zugeben und langsam erhitzen. Die Milch-Mischung in eine große Schüssel geben, die Brezelwürfel, Eier und Petersilie zufügen. Gut durchmischen und mit Salz und Pfeffer abschmecken.
Die Masse 30 Min quellen lassen.
Anschließend mit feuchten Händen runde Knödel formen. Die Masse sollte gut binden, aber nicht zu stark komprimiert werden.

Die Knödel in einen großen Topf mit kochendem Salzwasser einlegen, kurz kochen lassen, dann die Hitze reduzieren und die Knödel noch 10 – 20 Min (je nach Größe) ziehen lassen. Die Knödel schwimmen oben, wenn sie gar sind!
Mit einer Schaumkelle aus dem Wasser nehmen und servieren.

TIPP Brezelknödel schmecken am nächsten Tag in der Pfanne gebacken mit Apfelmus!

Ratz Fatz – Winzerpfanne mit Spätzle

400 g Spätzle		Nach Packungsanleitung kochen.
50 g Butterschmalz 250 g braune Champignons 250 g Austernpilze 1 Zwiebel 1 Karotte	 in Scheiben schneiden in Stücke schneiden würfeln in Scheibchen schneiden	In einer Pfanne das Butterschmalz gut erhitzen und die Pilze darin anbraten, die Zwiebel und Karotte zufügen.
1 Knoblauchzehe 1 EL Traubengelee 1 TL scharfer Senf 250 ml Weißwein 200 g Sahne Salz, Pfeffer Majoran	halbieren	Die Knoblauchhälften mit in die Pfanne geben. Alles zusammen noch mal kurz anschmoren. Dann das Traubengelee und den Senf einrühren, direkt mit dem Wein aufgießen und kurz aufkochen. Die Sahne zugeben und ca. 5 Min einreduzieren, bis die Flüssigkeit sämig wird. Mit Salz, Pfeffer und Majoran abschmecken. Die Spätzle in die Pilzpfanne geben, alles vermischen und anrichten.

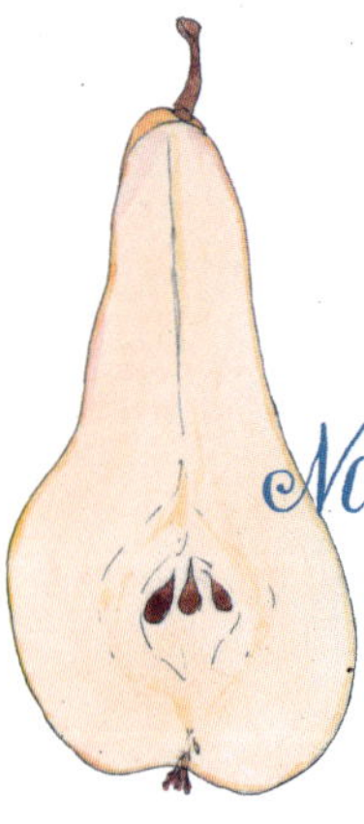

Nachtisch – Schokomousse mit Rotweinbirne

	Vorbereitungszeit:	*4 Stunden*
Schokomousse:		
175 g dunkle Schokolade (Qualität schmeckt man!) 4 EL Espresso	hacken frisch zubereiten	Die Schokolade mit dem Espresso in eine Stielkasserolle geben, in der man später auch gut schlagen kann (Schneebesen oder Handrührgerät). Die Schokolade unter Rühren zum Schmelzen bringen und bei geringer Hitze etwas andicken lassen, die Masse sollte noch leicht vom Löffel fallen.

		Die Kasserolle vom Herd nehmen und
4 Eier	Eigelb trennen, Eiweiß aufheben	die Eigelbe nacheinander in die heiße Schokolade schlagen, bis eine cremige Masse entsteht. Butter und Likör zu-
15 g Butter 1 EL Orangenlikör		fügen. Alles auf Handwärme abkühlen lassen.
45 g feiner Zucker		Die Eiweiße zu Schnee schlagen, den Zucker dabei einrieseln lassen. Den Eischnee noch eine halbe Minute weiterschlagen, damit sich der Zucker löst. Dann löffelweise unter die Schokomasse heben. Als Nocken auf 4 Dessertschalen verteilen und min. 4 Std kalt stellen.

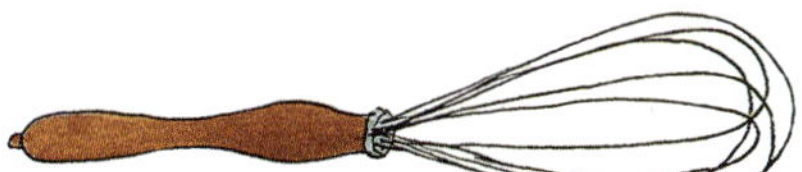

Rotweinbirnen:		
500 ml Rotwein 500 ml roter Traubensaft und etwas zum Anrühren 150 g Zucker 1 Zimtstange		Alle Zutaten in einem schmalen Topf, in dem die Birnen stehen können, aufkochen.
1 Vanilleschote	aufschneiden	
4 kleine feste Birnen	Kerngehäuse ausstechen, schälen	Die Birnen in den Sud stellen und ca. 15 Min köcheln lassen. Den Topf vom Herd nehmen und die Birnen während des Abkühlens darin durchziehen lassen. Die Birnen schließlich aus dem Sud nehmen und diesen auf
1 TL Speisestärke	mit etwas Traubensaft anrühren	ca. 200 ml einkochen. Die Fruchtsoße mit Speisestärke binden und nochmals kurz durchkochen. Abkühlen lassen.

Die Rotweinbirnen neben die Schokomousse stellen oder legen und mit der Fruchtsoße anrichten.
Dazu passt ein »Besoffenes Mondplätzjer« oder 1 Klecks Schlagsahne.

Weinvesper – Besoffene Mondplätzjer

Vorbereitungszeit: 13 Stunden (Ruhe- und Kühlzeit)

2 Vanilleschoten 3 EL lieblicher Wein	Mark heraus-kratzen	Vanillemark mit dem Wein verrühren und abgedeckt min. 1 Std ziehen lassen.
220 g kalte Butter 300 g Mehl 100 g gemahlene Mandeln 70 g Zucker	in Stückchen schneiden	Die Butter mit Mehl, Mandeln, Zucker und der Vanille-Wein-Mischung zu einem glatten Mürbeteig verkneten. Teig in 4 Teile teilen, diese zu 2 – 3 cm dicke Rollen formen und im Kühlschrank 12 Std kühlen. Danach die Rollen in 1 cm dicke Scheiben schneiden und Halbmonde daraus formen. Backofen auf 160° vorheizen, Monde auf einem Blech mit Backpapier in ca. 12 Min goldig backen.
100 g Puderzucker		Noch warm mit Puderzucker bestäuben.

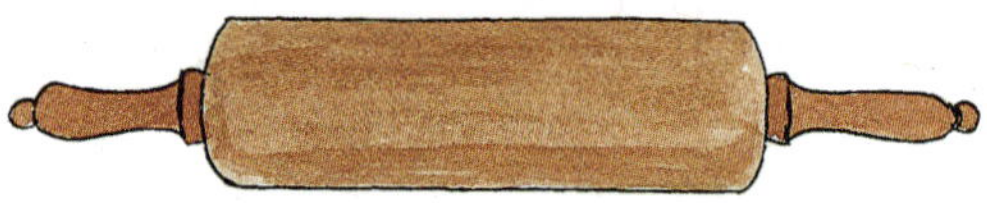

Weingetränk – Roter Glühwein

1 l Rotwein		Den Rotwein in einem Topf erhitzen, aber nicht zu heiß werden lassen (max. 70°), er wird sonst bitter und der Alkohol verdampft.
1 Orange 2 Zimtstangen 4 Nelken 1 Stück Sternanis 3 – 4 EL Zucker oder Honig	in Scheiben schneiden	Die Orangenscheiben zusammen mit den Gewürzen zum Wein geben. Die Zuckermenge nach Geschmack dosieren, abhängig von der Grundsüße des verwendeten Weines. Den Topf vom Herd nehmen und alles ca. 1 Std ziehen lassen. Vor dem Servieren den Wein wieder erhitzen und durch ein Sieb in Punschtassen füllen.

TIP Als **Glüh-Rotweine** eignen sich sehr gut Dornfelder, Merlot, Spätburgunder oder Cuvées. Barrique-Weine sind nicht geeignet!

Dornfelder-Kirsch-Torte

Mürbeteig

200 g Mehl · 60 g Zucker
1 P. Vanillezucker
1 Pr. Salz · 1 Ei · 60 g Butter
etwas Milch

Füllung

600 g eingemachte
Sauerkirschen (Abtropfgew.)
80 g Speisestärke
200 g Zucker · 1 P. Vanillezucker
750 ml Dornfelder (Rotwein)

Belag

500 ml Sahne
1 El Zucker
1 P. Sahnesteif

Mürbeteig:

Aus den Zutaten einen Mürbeteig herstellen. Kühl ruhen lassen. Eine 26 cm Ø Springform ausbuttern. Mürbeteig ausrollen, den Boden auslegen und einen 3 cm Rand formen.

Füllung:

Kirschen gut abtropfen. Dornfelder, Zucker und Vanillezucker aufkochen. Mit der Speisestärke binden u. aufkochen. Etwas abkühlen lassen und auf den Mürbeteig in die Form geben.
→ bei 160 °C Umluft ca. 50 Min. backen.

Belag:

500 ml Sahne, Zucker u. Sahnesteif aufschlagen und auf den (über Nacht) abgekühlten Kuchen geben. Spritzbeutel erlaubt!
Evtl. noch mit etwas Zimt bestäuben.

NSR.

Im 7. Käse-Himmel

Käse & Wein:

- Regionale Sorten zu regionalem Wein
- Aromen sollten gleich sein (→ mild zu mild, kräftig zu kräftig)
- gereifte Käse zu vollmundigem Wein
- feine Aromen zu dezentem Wein
- saure, salzige od. geschmacksintensive Käse zu edelsüßem Wein
- cremiger Käse mit säurebetontem Wein
- je härter der Käse, desto mehr Gerbstoffe im Wein

Molke- Frisch- Sauermilch- u. Lake-Käse

Doppelrahmfrischkäse, Hüttenkäse, Quark, Ricotta, Feta, Manouri, Kochkäse, Handkäse, Mozarella:

Weichkäse mit Naturrinde

Rocamadur, Ziegenrolle, Graukäse, Banon:

Weichkäse mit Außenschimmel

Camembert (von der Kuh od. Ziege), Neufchâtel, Brie:

Trockene & halbtrockene Weißweine

leichter Silvaner	Riesling
Weißburgunder	Grauburgunder
Müller Thurgau	fruchtiger Silvaner
Bacchus	Kerner

Trockene Weißweine, nicht zu fruchtig

Riesling
Grauburgunder
Sauvignon Blanc

Roséweine & Weißherbst

Portugieser	Portugieser
Spätburgunder	Spätburgunder

Sekt

Burgundersekt

Fruchtige Rotweine ohne Tannine

Spätburgunder	Spätburgunder	Spätburgunder
		Schwarzriesling

Weichkäse mit gewaschener Rinde

Weinkäse, Munster, Rotschimmelkäse, Ofenkäse:

Käse mit gepresstem Teig

Edamer, Tilsiter, Gouda, Esrom, Appenzeller, Cheddar, Raclette, Pecorino:

Käse mit gebranntem u. gepresstem Teig

Emmentaler, Bergkäse, Parmesan, Tete de Moine:

Blauschimmel-Käse

Roquefort, Gorgonzola, Blauer Bavaria:

Liebliche Weißweine od. Likörweine

Gewürztraminer
Silvaner Spätlese
Beerenauslese

Trockene Weißweine

junger Weiß- od. Grauburgunder
Spätburgunder
Silvaner
Huxelrebe
Huxelrebe
Riesling feinherb
Weißburgunder
Scheurebe

Liebliche Weine od. Likörweine

Beerenauslesen
Eiswein
Gewürztraminer
Huxelrebe

Kräftiger Rotwein

Dornfelder
Regent
Cabernet Dorsa
Cabernet Sauvignon

Fruchtige Rotweine

Spätburgunder
St. Laurent
Regent • Merlot
Dornfelder
Syrah

Ältere Rotweine mit Tanninen

Syrah
Dornfelder
Dunkelfelder
Cabernet Sauvignon
Cabernet Dorsa

Wein für den Genuss:  Wein im Glas

Wein ist Genuss mit allen Sinnen.
Wir erleben seine Farbe, seinen Geruch, seinen Geschmack. Die Aromen sind so vielfältig, wie die Natur.

Wein ist Geschmackssache.
Seid immer selbstbewusst bei der Wahl eures Lieblingsweines und lasst Trends dabei außen vor, dann habt ihr den für euch wahren Genuss.

Harmonie oder Gegensatz
Wein war schon immer ein idealer Speisenbegleiter, denn er unterstützt mit seinen Aromen und Inhaltsstoffen Geschmack und Bekömmlichkeit, wenn er richtig gewählt ist.

Hier geben wir euch **ein paar Tipps** mit auf den Weg, wie ihr schnell auf der sicheren Seite bei der Weinauswahl seid.

Geschmack auf unserer Zunge:
süß, sauer, salzig, bitter, umami.
Geschmack von Wein: trocken, halbtrocken, feinherb, lieblich, süß.

Möchten wir das Geschmacksempfinden und die Geschmackskomponenten von Zunge und Wein zusammenbringen, dann gibt es entweder die Möglichkeit der Harmonie oder die des Gegensatzes. In jeden Fall entsteht durch die Kombination von Wein und Speise ein neues Geschmacksuniversum, denn das Ganze ist mehr als die Summe seiner Teile.

Für die Kombination von Wein und Speisen könnt ihr folgende Grundregeln beherzigen:

Süße Speisen: Der Wein sollte süßer sein, als das Dessert. Bei Desserts mit Früchten ist ein fruchtiger Wein mit entspechender Restsüße passend.

Saure Speisen: Bei Salaten und Gerichten, in denen Essig und Zitrone dominant sind, lieber zu einem leichteren Wein greifen, der fruchtig daher kommt und wenig Säure hat, denn ein trockener Wein verstärkt die Säure.

Salzige Speisen: Braten, Grillfleisch, Aufläufe etc. harmonieren mit Säure und gleichen sich gegenseitig aus.

Fruchtige Weine werden intensiver in Kombination mit salzig.

Süße Weine heben den Spannungsbogen.

Zu einem Schmorgericht harmonieren gerbstoffbetonte Weine wie Barrique oder kräftige Rotweine mit viel Tanninen.

Bittere Speisen: Speisen mit Bitterstoffen, wie Chicorée, Spargel, Artischocke, Rosenkohl und Spinat, sollten immer mit einem leichten fruchtigen Wein genossen werden, der eine ausgewogene Süße hat.

Umami-Speisen: Mit dem japanischen Lehnwort werden Geschmacksrichtungen von herzhaft, würzig oder pikant (ohne die Nebenbedeutung scharf) umschrieben. Fleisch- und Grillgerichte sowie asiatische Speisen mit Sojasauce sind meist umami. Hier sind trockene und süße Weine gute Begleiter, keinesfalls gerbstoffreiche Weine mit Holz- oder Barrique-Note.

Kochen mit Wein:  Wein im Topf

1. Speise geht vor
Der Geschmack einer Speise sollte vom Wein unterstrichen und nicht von ihm überdeckt werden.

2. Einfach zu einfach
Zu einfachen Speisen passt ein einfacher Wein bzw. Wein und Speise sind gleichberechtigte Partner.

3. Regional und typisch
Regionale Weine passen eher zu regionalen Produkten und Speisen.

4. Im Topf wie im Glas
Der Kochwein sollte der gleiche wie der Trinkwein sein. Das gilt auch für die Rezepte in diesem Buch, die mit der Flasche im Topf ausgestattet sind. Die Empfehlung ist der Wein des Monats zum jeweiligen Gericht.

5. Nichts verschwenden
Weinreste nicht wegschütten, sondern zum Kochen verwenden. Ein guter Schuss Wein hilft vielen Gerichten mit einem leichten Säurekick und unterstützt die Aromen.

6. Kein Durcheinander
Zur Suppe muss nicht unbedingt ein eigener Wein serviert werden.

7. Kräftig zu kräftig
Kräftige Gerichte, Schmogerichte, Gegrilltes, Wildgerichte vertragen kräftige Weine.

8. Was ist das Hauptaroma
Für die Weinwahl immer die stärksten Aromen aus dem Gericht mit dem des Weines abstimmen.

9. Kalt zu kalt
Kalte Gerichte eher mit einem gekühlten Wein servieren.

10. Wasser & Wein
Auf dem Tisch sollten neben den Weingläsern immer ein Glas für Wasser stehen, denn Wasser macht den Wein bekömmlicher. Die Regel: Auf jedes Glas Weißwein 2, auf jedes Glas Rotwein 3 gleich große Gläser Wasser trinken.

TIP

Auf ein Wort zum Thema Alkohol:
Wein enthält natürlich Alkohol. Dass dieser beim Kochen »verfliegt« stimmt nicht, es hängt natürlich wesentlich von der Kochzeit ab. Einreduzierte Soßen haben weniger, Gerichte, die kaum erhitzt oder zum Schluss mit einem Schuss Wein gekrönt werden, haben mehr Alkohol. Eigentlich ist es egal, wieviel noch drinnen ist, man muss sich einfach klar sein, dass er da ist, der Alkohol. Für Kinder und Kranke ist schon das pure Aroma von etwas Alkoholischem gefährlich.
Also immer darauf achten, wer mit am Tisch sitzt und im Zweifel, wenn ihr Gäste habt, vorher darüber reden!

Register

Rezepte, Hauptzutaten, Stichworte
Käse zum Wein
Wein-Empfehlung
Gemüse, Obst und Kräuter der Monate

I – J

K

L

M – N

O – P

Q – R

S

T

U – V

W

Y – Z

Rotwein
Blauer Portugieser
TROCKEN
Spätburgunder
Kammerpreis 2020
Chardonnay
2019
feinherb
1l/11,5%vol.
Qualitätswein
Schobbe
Morio Muskat
BIO
Muskateller
2020
Eiswein
Bacchus
0,25l | 13,5% vol.
Extra Brut
PREMIUM
Winzersekt
Scheurebe
Flaschengärung